Susanne Dera

Motivation durch Kommunikation

Eine Studie zur Kommunikation in Organisationen und ihrer motivationalen Wirkung

Susanne Dera

MOTIVATION DURCH KOMMUNIKATION

Eine Studie zur Kommunikation in Organisationen und ihrer motivationalen Wirkung

ibidem-Verlag
Stuttgart

Bibliografische Information Der Deutschen Bibliothek

Die Deutsche Bibliothek verzeichnet diese Publikation in der Deutschen Nationalbibliografie; detaillierte bibliografische Daten sind im Internet über <http://dnb.ddb.de> abrufbar.

∞

Gedruckt auf alterungsbeständigem, säurefreien Papier
Printed on acid-free paper

ISBN: 3-89821-267-X

Printed in Germany

Inhaltsverzeichnis

Abbildungsverzeichnis:

Abbildungsverzeichnis

1 Relevanz der Fragestellung

Organisationen befinden sich in einer Situation, in der – mehr als je zuvor – laufende und schnelle Anpassungsleistungen an vorgehende Veränderungen notwendig sind. Als Gründe dafür lassen sich exemplarisch fortschreitende Globalisierung, immer schnellere Entwicklung neuer Technologien sowie die Vervielfältigung des Wissens in immer kürzerer Zeit anführen. Will eine Organisation Bestand haben, sind Umweltanpassungen demnach zwingend notwendig. Gerade diese Anpassungsleistungen sind jedoch nicht fraglos gesichert. Die Organisation kann nicht – wie dies in früheren Organisationstheorien[1] angenommen wurde – als rein rationales Gebilde verstanden werden. Sie ist eben kein „stabiles, planbares und an einem Ziel ausgerichtetes zweck-mittel-rationales Sozialsystem"[2]. So argumentieren bspw. Cohen/ March/Olson[3], wenn sie eine Organisation verstehen als eine Ansammlung von Entscheidungen, Gefühlen und Lösungen, die sich an gerade verfügbare Inhalte, Entscheidungssituationen und Probleme knüpfen. Die rationale Wahl einer optimalen bzw. zufriedenstellenden Handlungsalternative wird dadurch zu einer „organisierten Anarchie"[4] mit einem recht beliebigen Aufeinandertreffen von Lösungen, Mitteln und Problemen.[5]

Andere Theorien kennzeichnen Organisationen als *Handlungszusammenhang* der Mitglieder. Organisationsmitglieder sind dann als lediglich begrenzt rational anzusehen.[6] Das bedeutet, sie handeln zwar intentional rational, allerdings verhindern kognitive Grenzen der Informationsaufnahme und -verarbeitung das Treffen von objektiv rationalen Entscheidungen.[7] Außerdem ist die gesamte Organisation von mikropolitischem Machthandeln durchzogen, welches darauf zielt, durch Einsatz je individueller Strategien die Machtpotenziale der einzelnen Organisationsmitglieder zu erhalten bzw. zu vergrößern.[8] Die Organisation ist entsprechend *kein* kohärentes Gebilde, sondern wird von den konfligierenden Rationalitäten ihrer Mitglieder bestimmt.[9] Des weiteren ist zu beachten, dass die Organisationsmitglieder in der Organisation stets primär ihre eigenen Interessen und Motive verfolgen. Diese können sowohl zueinan-

[1] Vgl. bspw. Taylor (1913).
[2] Kieffer (1994), S. 185.
[3] Cohen et al. (1972).
[4] Cohen et al. (1972), S. 1.
[5] Vgl. Becker et al. (1992), S. 92.
[6] Das Konzept der begrenzten Rationalität geht auf Simon zurück. Vgl. hierzu Simon (1976).
[7] Vgl. Berger/Bernhard-Mehlich (1995), S. 131.
[8] Vgl. Crozier/Friedberg (1993).
[9] Vgl. Becker et al. (1992), S. 94.

der als auch zum Organisationsziel in Widerspruch stehen, weshalb von einer fraglosen Sicherung des Bestandes der Organisation nicht ausgegangen werden kann. Schon aufgrund der Vielfalt der Organisationsmitglieder und ihrer Interessen besteht in Organisationen eine hohe potenzielle Konfliktträchtigkeit. Darüber hinaus fehlt eine gemeinsame Präferenzordnung der Organisationsmitglieder und durch lediglich vorläufige Quasi-Lösungen bleiben Konflikte stets latent bestehen.[10]
Dies alles kann den Bestand der Organisation gefährden, was meint, dass die Produktion und Reproduktion von sinnhaft miteinander verknüpften Handlungen zusammenbrechen kann. Es ist entsprechend notwendig, eine Koordination der Handlungen und Motive der Organisationsmitglieder zu erreichen, die darauf zielt, dass nicht mehr allein ihr persönliches Interesse im Vordergrund ihres organisationalen Verhaltens steht. Vielmehr soll eine gleichzeitige Verpflichtung gegenüber der Organisation erreicht werden. Die Organisationsmitglieder müssen sich an die Organisation binden, wodurch ihr Selbstinteresse in gewisser Weise auf diese und deren Notwendigkeiten gerichtet werden kann. *Ziel* muss deshalb sein, auf Seiten der Organisationsmitglieder Folgebereitschaft gegenüber der „Organisation" zu erzeugen, da nur so der Bestand derselben gesichert werden kann.
Daraus ergibt sich die Relevanz der Fragestellung dieser Studie: Wenn die Organisationsmitglieder stets ihre eigenen Interessen verfolgen, wie kann dann Folgebereitschaft gegenüber der „Organisation(sleitung)" erzeugt werden und woran ist sie gebunden? Kann eine Organisationsleitung darüber hinaus die Entstehung von Folgebereitschaft auf Seiten ihrer Mitglieder beeinflussen und wenn ja, wodurch?

Eine dieser Studie zugrunde liegende Annahme ist, dass Kommunikation in diesem Zusammenhang eine bedeutende Rolle spielt. Kommunikation ist integraler Bestandteil der Organisation und muss als das wichtigste Medium der Verständigung und Koordination von Handlungen angenommen werden. Aufgrund der steigenden Umwelt- sowie Eigenkomplexität von Organisationen wird eine immer höhere Kommunikationsnotwendigkeit geschaffen. Für die Organisationsleitung ergibt sich daraus, dass die Steuerung von Kommunikationsprozessen ein wichtiger Aspekt ihrer Aufgabe ist, da sowohl die Abstimmung zwischen den Interessen der Organisationsmitglieder und der Organisation als auch die Erzeugung von Folgebereitschaft meist kommunikativ vorgenommen bzw. vermittelt werden.[11]

[10] Vgl. Becker et al. (1992), S. 91.
[11] Vgl. Hahne (1997), S. 17.

Diesen Sachverhalten wird hier nachgegangen. Dafür wird zunächst in Kapitel zwei das Verständnis der zentralen Begriffe „Organisation“ und „Kommunikation“ geklärt. Es ist zu beleuchten, welche Rolle Kommunikation in der Organisation spielt und welche spezifischen Besonderheiten hier zum tragen kommen. Kommunikation in der Organisation befindet sich stets in einer Grauzone zwischen formaler und informaler Kommunikation. Das bedeutet, sie ist nie nur entlang der von der Organisationsführung vorgegebenen Kommunikationswege ausgerichtet, sondern gerade der informalen Kommunikation kommt eine große Bedeutung zu. Diese Ambivalenz der Kommunikation soll herausgestellt und die Folgen für die Organisation betrachtet werden. In Kapitel drei wird auf das Verhältnis von Individuum und Organisation näher eingegangen und dargestellt, dass Organisationen aus den wechselseitig aufeinander bezogenen Handlungen ihrer Mitglieder bestehen. Durch fortgesetzte Interaktionen werden die Strukturen der Organisation produziert und reproduziert, die ihrerseits wiederum auf die weiteren Handlungen der Organisationsmitglieder einwirken. Es werden spezifische Strukturmomente herausgearbeitet, die sich in jeder Organisation niederschlagen und auch die Kommunikation in Organisationen beeinflussen. Hiernach ist im vierten Kapitel zu klären, welchen Einfluss die Strukturmomente auf die Motivation und Folgebereitschaft der Organisationsmitglieder haben können. Dafür ist es zunächst notwendig, eine Definition von Motivation und Folgebereitschaft zu finden. Daran anschließend soll herausgearbeitet werden, wie Folgebereitschaft erzeugt werden kann und welche Rolle diesbezüglich der Kommunikation in Organisationen zukommt.

Ein wichtiger Aspekt in Bezug auf die Folgebereitschaft der Organisationsmitglieder ist das zwischen diesen bestehende Gemeinschaftsgefühl. Dies lässt sich dadurch erklären, dass in Gemeinschaften wichtige soziale Bedürfnisse der Mitglieder befriedigt werden. Gerade das Gemeinschaftsgefühl kann von großer Wichtigkeit sein, soll sich ein Organisationsmitglied an eine Organisation binden. Aus diesem Grund wird auf die in der Organisation stattfindenden formalen und informalen Gruppenprozesse und ihre möglichen Auswirkungen auf die Erzeugung von Folgebereitschaft eingegangen. Als Beispiel für formale Gruppen in Organisationen wird das Team eingeführt. Es wird angenommen, dass gerade durch diese die für den Bestand der Organisation so notwendigen Anpassungen an veränderte Umwelten bevorzugt geleistet werden können. Außerdem soll gezeigt werden, dass in Teams in besonderer Weise die Voraussetzungen zur Entstehung von Gemeinschaftsgefühl und somit Folgebereitschaft gegeben sein können. Diese Sachverhalte werden in Kapitel fünf näher beleuchtet.

Abschließend daran wird in Kapitel sechs betrachtet, ob es eine Kommunikationsform gibt, die für die Bestandssicherung der Organisation von besonderer Bedeutung sein kann. Als eine solche wird der Dialog als Methode der Kommunikation untersucht, die auf grundlegende Verständigung zwischen den Organisationsmitgliedern zielt. Neben den Merkmalen und Regeln des Dialogs werden Nutzen sowie dessen Einführ- und Umsetzbarkeit in Organisationen kritisch betrachtet. In Kapitel sieben erfolgt eine allgemeine Schlussbetrachtung, in der die wichtigsten Erkenntnisse der Arbeit zusammengefasst und dargestellt werden.

2 Begriffliche Klarstellungen

Die Begriffe Organisation und Kommunikation sind von besonderer Bedeutung für diese Studie. Durch Kommunikation, so ist die Annahme, kann der für die Organisation besonders wichtige Betriebsstoff Motivation hergestellt werden. Sowohl Kommunikation als auch Organisation werden jedoch auf die unterschiedlichsten Weisen definiert – je nachdem, welcher Disziplin die Forscher angehören, welche Fragestellung sie verfolgen und was ihr Erkenntnisinteresse ist. Aus diesem Grund ist es zunächst nötig, die Begriffe Organisation und Kommunikation näher zu betrachten, wobei zu Beginn eine begriffliche Abgrenzung von „Organisation“ vorgenommen wird. Anschließend ist zu klären, was Kommunikation ist, welche besonderen Merkmale Kommunikation in der Organisation auszeichnet und welche Rolle sie in dieser spielt.

2.1 Zum Begriff der Organisation

Betrachtet man das heterogene Feld der Organisationstheorie wird deutlich, dass der Begriff der Organisation nicht eindeutig definiert ist. Die verschiedenen Ansätze und ihr Verständnis von Organisationen unterscheiden sich zum Teil erheblich. Einige verstehen Organisation als rationales soziales Gebilde, das durch formale Strukturen einen eigenen spezifischen Zweck verfolgt. Andere hingegen haben ein dynamisches Verständnis von Organisationen. Das Augenmerk liegt dann weniger auf den formalen Strukturen innerhalb einer Organisation, als vielmehr auf den in Organisationen ablaufenden Prozesse des Organisierens. Aufgrund der Vielfalt der begrifflichen Verwendung, ist es zunächst nötig, eine Arbeitsdefinition der Organisation zu entwickeln, wobei auf ausgewählte Organisationstheorien eingegangen wird.

2.1.1 Organisationstheoretische Grundrichtungen

Die Organisationstheorie unterscheidet drei verschiedene Grundauffassungen bezüglich des Organisationsbegriffs. Sie trennt in den institutionellen, den instrumentellen und den tätigkeitsorientierten Organisationsbegriff.[12] Der Begriff der Organisation

[12] Vgl. Bea/Göbel (1999), S. 3.

wird häufig als Oberbegriff für Institutionen wie bspw. Krankenhäuser, Gefängnisse, Schulen, Behörden, Unternehmungen bzw. Betriebe verwendet.[13]

> „In Anlehnung an den allgemeinen Sprachgebrauch bezeichnet Institution eine Einrichtung (Organisation, Behörde, Betrieb) schlechthin, die nach bestimmten Regeln des Arbeitsablaufes und der Verteilung von Funktionen auf kooperierende Mitarbeiter (im Rahmen eines größeren Organisationssystems) eine bestimmte Aufgabe erfüllt."[14]

In dieser institutionellen Grundauffassung wird die zu untersuchende Einrichtung als eine Organisation verstanden – das bedeutet, eine Organisation kann als eine Form der *Institution* bezeichnet werden.[15] Der Begriff der Institution kann jedoch auch grundlegenderer als in obiger Definition verstanden werden und zwar als jegliche Form bewusst oder unbewusst entstandener stabiler und auf Dauer gestellter Muster menschlicher Beziehungen, die in einer Gesellschaft, Gruppe oder Organisation vorhanden sind und als legitim erachtet werden. Eine derartige Institutionalisierung von Ordnung ermöglicht eine wechselseitige Abstimmung des Verhaltens von seiten der Organisationsmitglieder und eröffnet sowohl Möglichkeiten für den in Organisationen nötigen Konsens, als auch Leitlinien für die Verständigung.[16] Der Begriff der Institution kennzeichnet demnach allgemein gesprochen „den sozialen Sachverhalt der Verfestigung regelmäßig wiederkehrenden Verhaltens und Handelns"[17]. Bezogen auf die Organisation bedeutet das, dass in einer Organisation als bestimmter Art einer Einrichtung generalisierte Handlungsweisen bestehen, die eine Ordnung in ihr hervorrufen und sichern.

Beim *instrumentellen Organisationsbegriff* bezieht sich der Begriff der Organisation hingegen auf die Regelungen, die als Mittel der Zielerreichung zum Einsatz kommen. Dabei werden sowohl personenbezogene Verhaltensregeln als auch maschinenbezogene Funktionsregeln einbezogen, die in ihrer Gesamtheit die Struktur einer Organisation bilden.[18] Verwendet man den Organisationsbegriff in dieser Weise, rekurriert man auf die Struktur, die eine Organisation hat. Mit den Worten von Bea/Göbel:

> „Organisation ist das dauerhafte Regelsystem, das ein Unternehmen hat und welches zielorientiert als Führungsinstrument eingesetzt wird."[19]

---

[13] Vgl. March/Simon (1976); Voss (1991); Schanz (1992).
[14] Hillmann (1994), S. 375.
[15] Vgl. Bea/Göbel (1999), S. 5.
[16] Vgl. ähnlich Hillmann (1994), S. 375.
[17] Popitz (1992), S. 234; Nedelmann (1995), S. 15. Zum Institutionenbegriff und seinen Merkmalen in der Organisationsanalyse vgl. ausführlich Powell/DiMaggio (1991).
[18] Vgl. Grochla (1982), S. 1.
[19] Bea/Göbel (1999), S. 4.

Der *tätigkeitsorientierte Organisationsbegriff* legt den Fokus auf den „Prozeß des Organisierens“[20]. Das bedeutet, dass hier das Schaffen einer Ordnung und somit die Tätigkeit des Organisierens als Organisation bezeichnet wird. Bea/Göbel grenzen diesen Organisationsbegriff dergestalt ein, dass sie die Tätigkeit des Organisierens nur bestimmten Personen – den sogenannten Organisatoren – vorbehalten. Sie weisen jedoch darauf hin, dass dies der Realität nicht entspricht, da die Organisationsmitglieder die formale Organisation zum Teil unterlaufen und durch eigene Regeln ergänzen bzw. ersetzen.[21] Um dem Rechnung zu tragen und keine ungerechtfertigte Verkürzung vorzunehmen, wird die Tätigkeit des Organisierens im Rahmen der vorliegenden Arbeit nicht auf bestimmte Organisationsmitglieder begrenzt, sondern meint generell den Prozess des Schaffens einer Ordnung.

Eine klare Zurechnung der verschiedenen Organisationstheorien zu den drei genannten Grundauffassungen ist jedoch nicht möglich. Vielmehr implizieren die meisten Ansätze Vorstellungen zu allen dreien. Es ist demnach möglich, eine Organisation sowohl als Institution zu verstehen, als auch gleichzeitig zu betrachten, dass innerhalb derselben eine jeweils spezifische Struktur ent- bzw. besteht, die der Zielerreichung der Organisation dient und im „Prozeß des Organisierens“ ausgebildet wird. Diese vereinende Perspektive vertreten bspw. Bea/Göbel, da sie jeder der von ihnen betrachteten Organisationstheorien ein bestimmtes Organisationsverständnis nach allen drei Grundrichtungen zuschreiben.[22] Dieses Verständnis liegt auch dieser Studie zugrunde und wird an gegebener Stelle verdeutlicht.

---

[20] Weick (1985).

[21] Vgl. Bea/Göbel (1999), S. 3. Auf das Verhältnis von formaler und informaler Organisation wird im weiteren Verlauf noch explizit eingegangen. Vgl. hierzu Kap. 2.1.2.2.

[22] Vgl. Bea/Göbel (1999), S. 67. Bea/Göbel betrachten hier bspw. den Human-Relations-Ansatz und nennen für diesen Merkmale zu allen drei Grundrichtungen. Durch die Tätigkeit der rationalen Fremdorganisation verbunden mit der informalen Organisation (tätigkeitsorientierter Organisationsbegriff) entsteht die Organisation als Institution in Form eines sozialen, humanen, formalen und zielorientierten Systems (institutioneller Organisationsbegriff), durch die ökonomische Effizienz und Mitarbeiterzufriedenheit bewirkt werden soll (instrumenteller Organisationsbegriff). Eine derartige Einteilung bezüglich der drei Grundrichtungen nehmen Bea/Göbel für jede von ihnen betrachtete Organisationstheorie vor. Dabei ist jedoch zu beachten, dass einige Annahmen von ihnen implizit getroffen werden und nicht direkt aus dem jeweiligen organisationstheoretischen Ansatz hervorgehen. Vgl. Bea/Göbel (1999).

2.1.2 Relevante Aspekte des Organisationsbegriffes

Wie bereits erwähnt, verstehen die verschiedenen Organisationstheorien unter Organisation zum Teil völlig unterschiedliche Dinge. Je nach Forschungsinteresse und Betrachtungsschwerpunkt, werden verschiedene Aspekte der Organisation in den Mittelpunkt der Untersuchungen gestellt und andere ausgeblendet. Auch hier wird die Organisation verkürzt dargestellt. Im Vordergrund der Studie steht ein Organisationsbegriff, der darauf rekurriert, dass in Organisationen Menschen *handeln.* Erst daraus ergeben sich Organisationsstrukturen. Die Organisation als soziales Gebilde entsteht somit im Prozess des Organisierens durch die beständige Interaktion und Kommunikation ihrer Mitglieder. Die Aspekte dieses Organisationsbegriffes sollen nun im folgenden einzeln näher erläutert werden.

2.1.2.1 Organisationen als soziale Gebilde

In der traditionellen soziologischen Organisationstheorie werden Organisationen häufig als „(...) soziale Systeme mit einem angebbaren Mitgliederkreis, einer kollektiven Identität und Verhaltensprogrammen [definiert, S.D.], die der Erreichung spezifischer Ziele dienen“[23]. Sie werden als ein besonderer Typus sozialer Gebilde verstanden, der sich von anderen kollektiven, menschlichen Vereinigungen dadurch unterscheidet, dass eine räumliche und zeitliche Zusammenfassung und Zuordnung von Menschen und Dingen vorliegt, die auf ein kontinuierliches Zusammenwirken in Richtung eines bestimmten Zwecks hin ausgerichtet ist.[24] Kieser/Kubicek sprechen von Organisationen dann, wenn soziale Gebilde dauerhaft ein Ziel verfolgen und eine formale Struktur aufweisen, mit deren Hilfe die Organisationsmitglieder auf eben dieses Ziel ausgerichtet werden sollen.[25] Spricht man von den Zielen der Organisation, muss jedoch differenziert werden: Die Mitglieder einer Organisation verfügen über je persönliche Ziele, die sie innerhalb der Organisation verfolgen. Verfolgen Menschen bestimmte dauerhafte Ziele, die sie nicht allein erreichen können, versuchen sie dies mit Hilfe anderer, was zur Bildung von Organisationen führt. Sie versuchen diese Ziele dann

[23] Ziegler (1967) zit. nach Becker/Langosch (1990), S. 76.
[24] Vgl. Büschges/Lütke-Bornefeld (1977), S. 31.
[25] Vgl. Kieser/Kubicek (1983), S. 1.

mittels der Organisation zu verwirklichen. Organisation wird demnach als zweckrationales Mittel[26] zur Erreichung ihrer persönlichen Ziele angesehen.[27]
Manche Organisationsmitglieder sind darüber hinaus aufgrund ihrer Position in der Lage, Ziele *für* die Organisation formulieren.

> „Erst wenn Zielvorstellungen von Mitgliedern in einem formalen, legitimierten Prozeß als Ziele der Organisation deklariert werden, kann man von Zielen der Organisation sprechen.“[28]

Das impliziert Machtverhältnisse in Organisationen, die dazu führen, dass die Ziele bestimmter Organisationsmitglieder – in der Regel der Organisationsleitung – als Organisationsziele definiert werden. Nicht die persönlichen Ziele aller Organisationsmitglieder haben dementsprechend die Chance, zu Organisationszielen zu werden. Die Zielbildung in Organisationen ist also ein Aushandlungsprozess zwischen mehreren Organisationsmitgliedern und Interessengruppen, wobei die Chancen des Eingriffs in diesen meist ungleich verteilt sind.[29] Bezüglich des Organisationsziels ist außerdem festzuhalten, dass es nicht *das* Ziel der Organisation gibt, sondern stets mehrere Ziele bestehen, die in Form von Zielbündeln zusammengefasst[30] und als Zielhierarchie[31] geordnet werden.[32] Daraus ergibt sich, dass es persönliche Ziele von Mitgliedern geben kann, die dem Organisationsziel zuwiderlaufen können bzw. nicht deckungsgleich mit diesem sind. Kieser/Kubicek betonen, dass für Organisationen die dauerhafte Verfolgung von Zielen ausschlaggebend ist. Nur dann kann von Orga-

---

[26] Weber nennt zweckrationales Handeln solches, das an Zweck, Mitteln und Nebenfolgen orientiert ist und „dabei sowohl die Mittel gegen die Zwecke, wie die Zwecke gegen die Nebenfolgen, wie endlich auch die verschiedenen Zwecke gegeneinander abwägt“. (Weber (1984), S. 45.) Davon grenzt er wertrationales, affektuelles und traditionales Handeln ab, wobei er anmerkt, dass selten Handeln nur in einer der genannten Arten orientiert ist. Vgl. hierzu Weber (1984), S. 44ff.
[27] Vgl. Ortmann et al. (1997a), S. 15.
[28] Kieser/Kubicek (1983), S. 3.
[29] Auf den Prozess der Zielbildung soll an dieser Stelle nicht weiter eingegangen werden. Es ist nur wichtig zu sehen, dass Ziele nicht als gegeben anzusehen sind, sondern dass sie im Rahmen eines Zielbildungsprozesses, der eng mit dem Problemlösungsprozess verbunden ist, erarbeitet werden. Vgl. zum Zielbildungsprozess bspw. Gemünden (1995), S. 252ff.
[30] Vgl. Kieser/Kubicek (1983), S. 4.
[31] Zum Aufbau von Zielsystemen in Form von Zielhierarchien vgl. bspw. Gemünden (1995), S. 253.
[32] Zwischen den Zielen eines Zielbündels bzw. einer Zielhierarchie können verschiedene Beziehungen bestehen. Das Verhältnis der Ziele muss nicht zwangsläufig unproblematisch sein. Vielmehr können die Ziele auch konfliktär zueinander stehen. Von einer Zielneutralität oder gar -komplementarität kann in den seltensten Fällen ausgegangen werden. Vgl. zu den Beziehungen der Ziele untereinander bspw. Gemünden (1995), S. 253; Machazina (1999), S. 157f.

nisation gesprochen werden, da erst dann die Zielerreichung unabhängig von den einzelnen Personen möglich ist.[33]

Als weitere Merkmale von Organisationen nennen die verschiedenen Organisationstheoretiker eine markierbare Grenze zwischen „innen" und „außen", eine bestimmbare Anzahl der Mitglieder, die freiwillig in die Organisation eintreten, eine arbeitsteilige Differenzierung von Positionen und Rollen gestützt durch eine Formalisierung anhand personenunabhängiger Regeln, eine hierarchische Gliederung und Kontrollinstanzen zur Sicherung der Kooperation der Organisationsmitglieder im Hinblick auf die gesetzten Ziele sowie den Zusammenschluss von Menschen unterschiedlichster Herkunft und nur zum Teil übereinstimmender Interessen.[34] Organisationen werden darüber hinaus als auf Dauer angelegte Gebilde verstanden, die je eigene Strukturen ausbilden, welche von den in der Gesellschaft herrschenden Wertvorstellungen und den die Organisationspolitik bestimmenden Werthaltungen geprägt sind.[35] Struktur wird dabei als die Gesamtheit aller Regelungen verstanden, die die Handlungsabläufe in der Organisation reguliert[36] und ergibt sich aus

> „dem Gefüge der Erwartungen, Normen, Positionen, Rollen und Gruppen, (...) aus deren Vorschriften, Rechten, Verpflichtungen und Mitgliedschaften sich Regelmäßigkeiten und Funktionszusammenhänge, aber auch Konflikte, Störungen und Wandel der sozialen Beziehungen ergeben"[37].

Wie bereits erwähnt, finden sich in Organisationen stets Über- bzw. Unterordnungsverhältnisse. Innerhalb einer Organisation spielt demnach Macht eine wichtige Rolle. In der Regel bildet sich eine Hierarchie aus, die an der formalen Struktur der Organi-

---

[33] Vgl. Kieser/Kubicek (1983), S. 3ff.

[34] Vgl. Büschges/Lütke-Bornefeld (1977), S. 32; Hillmann (1994), S. 638; Kesten (1998), S. 29f.

[35] Zum Einfluss der gesellschaftlichen Wertvorstellungen auf die Organisation vgl. vor allem die institutionalistischen Ansätze der Organisationstheorie. Hauptaussage dieser Theorierichtung ist, dass die Organisation grundlegende Strukturen aus der Gesellschaft übernimmt und somit die Wertvorstellungen der Gesellschaft Eingang in die Organisation finden. Organisation und Gesellschaft stehen demnach in einem rekursiven Verhältnis zueinander und zwar derart, dass Organisationen eben jene gesellschaftlichen Strukturen und Institutionen, denen sie auch unterliegen, ihrerseits produzieren und reproduzieren. Vgl. hierzu bspw. Walgenbach (1995), Ortmann et al. (1997a), S. 19.

[36] Vgl. Schanz (1992), Sp. 1462.

[37] Vgl. Hillmann (1994), S. 846. In Kap. 3 wird näher auf den Strukturbegriff, seine Elemente und seine Bedeutung für die Organisation und ihre Mitglieder eingegangen. Außerdem wird er im Laufe der Arbeit auf der Grundlage der Theorie von Giddens um die Ressourcen erweitert werden. Vgl. hierzu Kap. 3.1.

sation ablesbar ist und die ihrerseits strukturierend wirkt[38]. Die Fragen, wie sich Macht in Organisationen darstellt, ob sie rein repressiv auf ihre Mitglieder einwirkt, oder Handlungsfreiräume bestehen, werden im Laufe der Studie zu beantworten sein.[39] Zu diesem Zeitpunkt ist es lediglich wichtig zu betonen, dass in Organisationen Macht stets präsent. Sie beeinflusst und strukturiert in großem Maße das Handeln der Organisationsmitglieder.

Organisationen werden demnach als soziale Gebilde verstanden, die durch ihre Mitglieder gebildet werden. Sie sind auf Dauer gestellt und durch eigene Normen und Regeln gekennzeichnet. In ihnen existieren stets Über- bzw. Unterordnungsverhältnisse, die auf ihre Mitglieder einwirken. Das Grundproblem der Organisation als soziales System besteht darin, ein dauerhaftes, ausreichend komplexes und flexibles Handlungspotenzial zu schaffen. Dafür müssen Steuerungsmechanismen institutionalisiert werden, die die Einzelhandlungen der Organisationsmitglieder so koordinieren, dass der Erhalt der Organisation gesichert werden kann, auch wenn die Organisationsmitglieder primär ihre eigenen Interessen verfolgen.[40]

2.1.2.2 Formale und informale Organisation

Organisationen als soziale Gebilde verfügen über formale Strukturen, die die Handlungen der in ihr agierenden Menschen beeinflussen. Diese formalen Strukturen werden auch als „formale Organisation“ bezeichnet. Darunter versteht man die geplante, „offizielle“ Struktur einer Organisation, mit der Geschäftsverteilung und Weisungsbefugnisse festgelegt sind.[41] Sie wird allgemein definiert durch die bewusste Orientierung an einem bestimmten Zweck, durch geplante Koordination von Handlungen, schriftlich fixierte allgemein gültige Regeln und hierarchische bzw. arbeitsteilige Ämterorganisation.[42] Die formale Struktur einer Organisation entspricht demnach den Elementen und Beziehungen des sozialen Systems, die den Organisationsangehörigen von der Organisationsführung vorgegeben werden und kann als formalisiertes Bezie-

[38] Robert Michels verweist darauf, dass sich in jeder Gruppe bzw. Organisation eine Hierarchie ausbilden wird und entsprechend eine Unmöglichkeit basisdemokratischer Organisationen besteht. Vgl. hierzu Michels (1989), S. 342-374.

[39] Vgl. Kapitel 3.2.1.

[40] Vgl. ähnlich Türk (1976), S. 42.

[41] Vgl. Fuchs et al. (1978), S. 548.

[42] Vgl. Luhmann (1976), S. 32; Hillmann (1994), S. 638f. Vgl. ähnlich auch Büschges/Lütke-Bornefeld (1977), S. 89, wobei diese zusätzlich auf die entsprechend angepassten Handlungszusammenhänge innerhalb der Organisation verweisen.

hungsnetzwerk verstanden werden.[43] Dieses wurde in Hinblick auf die Erreichung des Organisationszieles geschaffen und im Organisationsplan fixiert.[44] Auf diese Weise entsteht eine Struktur gesicherter Erwartungen, die das Verhalten der Organisationsmitglieder ordnet.[45]

In früheren Organisationstheorien[46] wurde davon ausgegangen, dass durch die formale Organisationsstruktur die Zielerreichung der Organisation fraglos gesichert ist. Der Einfluss der Organisationsmitglieder auf die Gestaltung und den Ablauf des organisatorischen Geschehens lässt sich in der Realität jedoch nicht ausschalten. Aufgrund individueller Bedürfnisse, Interessen und Antriebe kommt es bei den Organisationsmitgliedern ständig zu Abweichungen vom Funktions- und Koordinationsschema der Organisation.[47] Spätestens seit den Arbeiten von Roethlisberger/Dickson im Zuge der Hawthorne-Experimente wird zusätzlich zur formalen Organisation von der Existenz einer informalen ausgegangen.[48] Diese informalen Strukturen sind ein zusätzliches, offiziell nicht festgelegtes und vorgesehenes Netzwerk sozialer Beziehungen, das die formale Organisation teils überlagert, neutralisiert oder ergänzt. Es handelt sich dabei um eine neben der formalen Organisation bestehende Verhaltensordnung mit eigenen Normen, Rollen, Kommunikationswegen, Status- und Führungsgesichtspunkten sowie Sanktionsmöglichkeiten.[49] Sie ist primär gefühlsmäßig fundiert und auf die Persönlichkeitsbedürfnisse der Arbeitssituation abgestimmt. Durch sie wird die Arbeit in der Organisation zu einem geselligen Geschehen, das gemeinschaftlich bewertet wird und somit modifizierend in die formale Planung eingreift.[50] Derartige informale Netzwerke können sich auf allen Ebenen einer Organisation entwickeln und persönliche Bindungen und Kontakte können für ihre reale Macht- und Entscheidungsstruktur wichtiger sein, als ihre formale Struktur.

---

[43] Vgl. Funke-Welti (2000), S. 21. Ausnahmen hiervon sind zwar selten aber trotzdem möglich. Sie beschränken sich jedoch auf kleine Organisationen, die tatsächlich basisdemokratisch organisiert sind. Als Beispiel lassen sich hierfür kleine Vereine anführen, bei denen die Entscheidungen jeweils von allen Mitgliedern getroffen werden.

[44] Vgl. Kesten (1998), S.37.

[45] Vgl. Kieffer (1994), S. 111. Vgl. zur formalen Organisation auch Mayntz (1963), S. 85ff.

[46] Als Beispiel lässt sich Taylors „Scientific Management" anführen. Auch Webers Ansatz der legalen Herrschaft mit dem Idealtypus der Bürokratie lässt sich unter organisationstheoretischem Blick dieser Richtung zuordnen. Vgl. Taylor (1913); Weber (1976).

[47] Vgl. Hillmann (1994), S. 638.

[48] Vgl. Luhmann (1976), S. 30; Kesten (1998), S. 33f. Zu den Hawthorne-Experimenten vgl. ausführlich Kieser (1995b), S. 91-106.

[49] Vgl. ähnlich auch Kesten (1998), S. 43ff.

[50] Vgl. Luhmann (1976), S. 30.

Die soziale Wirklichkeit der Organisation ist demnach eine Mischung aus Geplantem und Ungeplantem. Die informalen Beziehungen stellen zusammen mit der formalen Struktur die Realstruktur einer Organisation dar.[51] Genauso wenig, wie die formale Organisation lediglich sachlichen und somit am Betriebszweck sowie seiner rationalen Erfüllung orientierten Gesichtspunkten folgt, ist die informale Organisation das Ergebnis ausschließlich außerbetrieblicher oder individueller Impulse der Beteiligten.[52] Formale und informale Struktur bedingen und korrigieren sich gegenseitig.[53] Zu beachten ist, dass innerhalb der formalen Strukturen einer Organisation sehr wohl auch informale Strukturen zur Anwendung kommen können.[54] Damit ist eine Trennung von formaler und informaler Organisation nur analytisch möglich.[55] In der Realität sind beide derart miteinander verquickt, dass nicht eindeutig gesagt werden kann, was nun zum Tragen kommt.[56] Die erstmalige Bildung formaler Strukturen setzt sogar informale Beziehungen voraus, in denen gemeinsame Ziele konkretisiert werden. Informale Beziehungen gehen demnach mit der Generierung von formalen Handlungssystemen wie der Organisation Hand in Hand.[57]

Zum Verhältnis von formaler und informaler Organisation kann festgehalten werden, dass die formale Struktur den Rahmen der Handlungen absteckt. Erst durch die Interpretationsleistungen der Organisationsmitglieder gewinnt diese jedoch Substanz und kann handlungsleitend wirken.[58] Die formalen Regelungen dienen somit der groben Steuerung von Handlungen. Die Feinsteuerung erfolgt in der Anwendung und Interpretation der formalen Vorgaben durch die Organisationsmitglieder.[59] Gerade in der Anwendung informaler Strukturen innerhalb des formalen Rahmens findet Organisationshandeln statt. Formale und informale Organisation sind demnach untrennbar verbunden. Der formale Aspekt der Organisation regelt zwar nicht ständig das Verhalten der Organisationsmitglieder, schwingt jedoch stets mit und beeinflusst so auch

[51] Vgl. Fuchs et al. (1978), S. 548; Kesten (1998), S. 38.
[52] Vgl. Hillmann (1994), S. 638f.
[53] Vgl. Funke-Welti (2000), S. 27.
[54] Vgl. hierzu die Ausführungen über informale Kommunikation in Kap. 2.2.2.
[55] Vgl. kritisch hierzu Luhmann (1976), S. 31.
[56] Auch Kesten weist darauf hin, dass einzelne organisationale Vorgänge sowohl formale als auch informale Elemente enthalten können und dies auch, ohne notwendigerweise in konträre Richtungen zu weisen. Vgl. Kesten (1998), S. 38.
[57] Vgl. Funke-Welti (2000), S. 27.
[58] Vgl. Bea/Göbel (1999), S. 167.
[59] Vgl. ähnlich Hahne (1997), S. 110.

alles informale Verhalten.[60] Erst in der tatsächlichen Anwendung durch die einzelnen Organisationsmitglieder reproduzieren sich die formalen Strukturen, was einen großen Einfluss persönlicher Ausgestaltung auf die formale Organisation beinhaltet. Demnach kommt den informalen Abläufen eine große Bedeutung für das Geschehen in der Organisation zu, da sie dem formalen Rahmen Grenzen setzen.[61]

Wird nun eine soziale Organisation als soziale Ordnung einer Gesellschaft oder Gruppe bzw. spezieller des Beziehungssystems von Gruppen in einem sozialen Gebilde begriffen, kann soziale Organisation als Oberbegriff von formaler und informaler Organisation betrachtet werden.[62] Beide bestehen neben- bzw. miteinander, woraus sich die Frage ergibt, inwiefern sie sich möglicherweise gegenseitig bestimmen oder voneinander abhängig sind. Als mögliche Beziehungen zwischen formaler und informaler Organisation lassen sich mit Kesten Konflikt und Komplementarität beider nennen.[63] Eine konfliktäre Beziehung ist deshalb möglich, da die Ziele der formalen und der informalen Organisation nicht immer miteinander kompatibel sein müssen. Sie können auch gegeneinander laufen und es ist nicht prinzipiell möglich anzunehmen, dass eine Mehrerfüllung des einen zwangsläufig eine Mehrerfüllung des anderen Zieles herbeiführt. Geht man von einem komplementären Verhältnis beider aus, wird die informale Organisation hingegen als Ergänzung der formalen verstanden. Eine generelle Aussage über das Verhältnis beider kann jedoch nicht getroffen werden, da es jeweils von der konkreten Ausprägung formaler und informaler Organisation abhängt, ob sie sich gegenseitig unterstützen oder einander behindern.[64] Beide können sowohl funktionale als auch dysfunktionale Wirkungen auf die Organisation als soziales Gebilde an sich haben. Als funktionale Wirkung formaler Strukturen ist die durch diese entstehende Handlungsorientierung der Organisationsmitglieder zu nennen. Aufgrund dessen wissen sie, wie sie ihre Aufgaben zu erledigen haben, was von ihnen von Seiten der Organisationsleitung erwartet wird und können sich in ihren Handlungen daran orientieren. Als negativ an zu starren und stark ausgeprägten for-

---

[60] vgl. Kieffer (1994), S. 119.
[61] Vgl. Kieffer (1994), S. 120.
[62] Vgl. Kesten (1998), S. 42. Sie folgt hier im Verständnis sozialer Organisationen dem von Renate Mayntz. Vgl. Mayntz (1958), S. 1ff.
[63] Die Autorin erwähnt darüber hinaus noch die Möglichkeit einer indifferenten Beziehung zwischen formaler und informaler Organisation. Ich schließe mich jedoch ihrer Einschätzung an, dass dies als realitätsfern abzulehnen ist, weshalb darauf im Folgenden nicht weiter eingegangen wird. Vgl. Kesten (1998), S. 40ff.
[64] Vgl. Kesten (1998), S. 42.

malen Strukturen ist anzuführen, dass sie als „stahlhartes Gehäuse“[65] wirken können und sowohl nötige Anpassungen an die sich verändernde Umwelt möglicherweise nicht mehr gegeben sind, als auch eine „Entpersönlichung“ der Arbeit vonstatten gehen kann.[66]

Informale Strukturen können hingegen Funktionen erfüllen, die von formalen Strukturen nicht wahrgenommen werden. Sie sind in der Lage, ein Gefühl der Gemeinschaft unter den Organisationsmitgliedern herzustellen, das, wie noch zu zeigen ist, von entscheidender Bedeutung für die Organisation ist. Dysfunktional für die Organisation wirken informale Strukturen dann, wenn sie mit den Zielen der Organisation nicht kompatibel sind und entsprechend deren Verfolgung behindern.[67]
Formale und informale Organisation sind dabei nicht als sich gegenseitig ausschließende Gegensätze zu begreifen. Vielmehr sind sie Pole eines Kontinuums[68], da zwischen der direkten Anordnung der Organisationsführung und der völligen Selbständigkeit der Organisationsmitglieder viele Abstufungen denkbar sind, bei denen den Mitgliedern unterschiedliche Handlungsspielräume eingeräumt werden, innerhalb welcher sie die Abläufe und Strukturen eigenständig gestalten können. Die Abläufe können demnach in ihrer konkreten Ausgestaltung mehr oder weniger stark formal oder informal geprägt sein.[69]

Eine formale Organisation ist also nicht in der Lage, alle sozialen Beziehungen und gegenseitigen Abhängigkeiten der Organisationsmitglieder im voraus festzulegen. Erst unter Berücksichtigung der informalen Elemente einer Organisation ist es möglich, die in ihr ablaufenden Prozesse zu verstehen.

> „So wird in Organisationen das Informale nur durch Kenntnis des Formalen und das Formale nur durch Kenntnis des Informalen verständlich.“[70]

Eine Trennung in formale und informale Organisation kann demnach nur analytisch sinnvoll sein. In der Realität sind beide stets derart miteinander verwoben und gegenseitig durchsetzt, dass die Zuschreibung des organisationalen Geschehens nicht auf eine von beiden begrenzt werden kann. Gerade aus diesem Grund kommt der Identifikation der Mitglieder mit den Organisationszielen und den daraus abgeleiteten Auf-

---

[65] Kieser (2001b), S. 51. Der Begriff des „stahlharten Gehäuses“ geht dabei zurück auf Max Weber.
[66] Vgl. Kieser (2001b), S. 51f.
[67] Vgl. hierzu die Ausführungen über formale und informale Kommunikation in Kap. 2.2.2.
[68] Die Autorin folgt damit der Auffassung von Irle (1963), S. 70ff im Besonderen S. 72.
[69] Vgl. Kesten (1998), S. 38.

gaben eine wichtige Bedeutung zu.[71] Die Gleichzeitigkeit formaler und informaler Elemente innerhalb der Organisation und die mögliche selbständige Ausgestaltung der formalen Vorgaben durch die Organisationsmitglieder, macht es notwendig, die Folgebereitschaft der Organisationsmitglieder gegenüber der Organisation(sführung) beständig zu sichern.[72]

2.1.2.3 Organisation als Handlungszusammenhang

Wie bereits erwähnt, wurde in vielen älteren Ansätzen der Organisationstheorie, die primär an der profitablen Organisation des kapitalistischen Betriebes interessiert waren, die Organisation als ein rein rationales Gebilde verstanden.[73] Diese Ansätze untersuchen Organisationen als ein in Zielen, Struktur und Mitteln eher statisches, festgelegtes Gebilde und wenden entsprechend meist den institutionellen Organisationsbegriff an.[74] Die neuere Organisationstheorie hingegen legt das Schwergewicht auf die Prozesse, durch die sich die Organisation in ihrer sozialen Umwelt erhält und sichert.[75] Der „Prozeß des Organisierens" gerät dabei immer mehr in den Fokus der Betrachtung und damit die Frage, wie Organisationen überhaupt entstehen, wie sie sich verändern und welche Prozesse in ihnen ablaufen.

> „(...) Organisationen werden nun nicht mehr als stabil und einer zweckrationalen Eigenlogik gehorchend gesehen, sondern als dynamische ‚lebensweltlich konstituierte Handlungszusammenhänge'."[76]

Hillmann schreibt dazu:

> „Eine soziale Organisation ist demnach ein System bewusst geplanter und koordinierbarer Handlungseinheiten, die auf Personen als Positionsinhaber zur Ausführung verteilt sind."[77]

Zunächst ist festzuhalten, dass eine Organisation nun als aus *Handlungen* bestehend modelliert wird. Dadurch werden der Akteur und seine Handlungen in das Zentrum

---

70 Kieffer (1994), S. 119.

71 Vgl. ähnlich Hillmann (1994), S. 639.

72 Zur Notwendigkeit der Herstellung von Folgebereitschaft der Mitglieder, um den Bestand der Organisation zu sichern vgl. Kap. 4. Dazu, wie diese Folgebereitschaft erzeugt werden kann und welche Mechanismen hier greifen vgl. Kap. 4.2.5.

73 Ein Beispiel dafür ist die wissenschaftliche Betriebsführung von Frederic W. Taylor. Vgl. Taylor (1913); Kieser (1995a).

74 Vgl. zum institutionellen Organisationsbegriff Kap. 2.1.1.

75 Vgl. Fuchs et al. (1978), S. 548.

76 Marwehe (1996), S. 38f. Die Bezeichnung von Organisationen als „lebensweltlich konstruierte Handlungszusammenhänge" geht dabei auf Türk zurück. Vgl. Türk (1989), S. 23.

77 Hillmann (1994), S. 638.

der Betrachtung gerückt. Eine Organisation ist demnach ein Sozialsystem, in dem Menschen handeln[78], wobei Handeln grundsätzlich von Verhalten abgegrenzt werden muss.

> „Mit Verhalten soll hier jede Form der Zustandsänderung eines lebenden Organismus bezeichnet werden, unabhängig vom auslösenden Mechanismus."[79]

Handeln hingegen meint individuell motiviertes Verhalten: Der Akteur verbindet einen spezifischen subjektiven Sinn mit seinem Handeln und verfolgt entsprechend ein bestimmtes Ziel. Handlungen in Organisationen können sowohl sachlich motiviert sein, als auch in Form sozialen Handelns auftreten.[80] Sie sind an vorsoziale, soziale und kulturelle Voraussetzungen bzw. Bedingungen geknüpft. Handeln ist vorsozial sowie sozial motiviert und wird durch kulturelle Regeln überformt und ausgefüllt. Die vorsozialen Voraussetzungen des Handelns lassen sich zusammenfassen als anthropologische Grundannahmen über den Menschen, die als weitgehend konstant unterstellt werden können. Der Mensch wird verstanden als ressourcenreich, evaluierend und maximierend[81]. Er versucht, unter Verwendung seiner spezifischen Möglichkeiten und Eigenschaften, seinen Nutzen zu maximieren und seine individuellen Ziele zu verfolgen. Der Mensch verfügt über sozial unspezifische Antriebsenergien, die mit dem Begriff *Motive*[82] zusammengefasst werden können. In diesem Zusammenhang sind physisches Wohlbefinden, soziale Anerkennung und Verlustminimierung[83] sowie das Bedürfnis nach Gemeinschaft[84] anzuführen. Er ist ein egoistisch agierendes Wesen, das auf seinen Vorteil bedacht ist und versucht, seinen Nutzen zu maximieren. Trotzdem lässt sich nicht leugnen, dass der Mensch auch über altruistische Anlagen verfügt. Menschen helfen einander, verzichten zugunsten anderer auf ihren Vorteil und stehen einander bei. Grundlegend dafür sah bereits Adam Smith das

---

[78] Vgl. Luhmann (1976), S. 23.

[79] Hennen/Springer (1996), S. 13.

[80] Soziales Handeln wird mit Max Weber verstanden als solches Handeln, „welches seinem von dem oder den Handelnden gemeinten Sinn nach auf das Verhalten anderer bezogen wird und daran in seinem Ablauf orientiert ist". Vgl. Weber (1976), S. 1.

[81] Die Begriffe „ressourcenreich, evaluierend und maximierend" gehen zurück auf das RREEMM-Modell von Siegwart Lindenberg, der dies als die vorsozialen menschlichen Eigenschaften bezeichnet. Vgl. hierzu Hennen/Springer (1996), S. 221f.

[82] Auf die Motive der Organisationsmitglieder wird in Kap. 4.2.1 genauer eingegangen.

[83] Vgl. Hennen/Springer (1996), S. 14.

[84] Auf die Bedeutung des Gemeinschaftsgefühles für das Individuum und entsprechend auch seine Bedeutung für die Organisation wird an späterer Stelle gesondert eingegangen. Vgl hierzu Kap. 5.

Gefühl der Sympathie als generelles Einfühlungsvermögen in die Situation anderer an.[85]

> „Wie selbstsüchtig auch immer der Mensch eingeschätzt werden mag, so liegen doch offensichtlich bestimmte Grundveranlagungen in seiner Natur, die ihn am Schicksal anderer Anteil nehmen und ihm die Anteilnahme an deren Glück notwendig werden lassen, obwohl er keinen anderen Vorteil daraus zieht als das Vergnügen, Zeuge davon zu sein."[86]

Aufgrund von Sympathie können wir uns in die Situation anderer hineinversetzen und uns vergegenwärtigen, in welcher Lage sie sich befinden. Auf diese Weise kann der Beobachter in sich in abgeschwächter Form dasselbe Gefühl hervorrufen, wie der Betroffene.[87]

Sowohl Egoismus als auch Altruismus sind demnach grundlegende menschliche Charakteristika, „wobei der Egoismus eine Art Grundmotiv der Selbstförderung darstellt, während der Altruismus eher schwach ausgebildet ist und sich primär auf die überschaubare Gruppe der Vertrauten bezieht"[88]. Altruismus als „Zurückstellung des eigenen Vorteils hinter das Wohl der anderen"[89] in Form von selbstloser Hilfeleistung ist in Organisationen jedoch eher selten. Allerdings lässt er sich auf altruismusähnliche Formen der Kooperation übertragen. Ein Beispiel dafür ist der *reziproke Altruismus* und die damit verbundene „Fähigkeit zum sozialverbindenden und sozialverpflichtenden Gütertausch"[90]. Er kommt zustande, wenn der naheliegende Nutzen unter gleichzeitiger Steigerung der affektiven Selbstbestätigung ausgeblendet wird.[91] Dieser reziproke Altruismus ist egoistisch gekoppelt und kann somit als Dehnung des Egoismus verstanden werden. Er hat eine egoistische Grundlage und steigert die Erfüllung egoistischer Motivation.[92] Dies lässt sich nun auf die Bildung und den Erhalt von Organisationen anwenden: Das einzelne Organisationsmitglied opfert kurzfristig seine optimale Anpassung, indem es sich der Organisation und ihren Regeln verpflichtet, bekommt aber dadurch auf lange Sicht mehr zurück, als es investiert hat. Durch die Organisation ist es in der Lage, Ziele zu erreichen, die es alleine nicht hätte

---

[85] Vgl. Hennen/Springer (1996), S. 22.
[86] Smith (1949), S. 25.
[87] Vgl. Smith (1949), S. 26. Diesen Gedanken des Mitfühlens und des Hervorrufens von Gefühlen anderer in uns selbst übernimmt George H. Mead. Vgl. Mead (1995), S. 239f.
[88] Hennen (1994a), S. 291.
[89] Hennen (1994a), S. 286.
[90] Hennen (1994b), S. 127.
[91] Vgl. Hennen (1994a), S. 291f.
[92] Vgl. Hennen (1994a), S. 287f.

realisieren können. Somit kann die Organisation als Kollektiv kulturell stabilisiert werden.

Die Motive der Organisationsmitglieder müssen sozial ausgefüllt werden, um sie zu erreichen. Das Motiv der sozialen Anerkennung kann bspw. erst über bestimmte Kulturformen und die damit verbundenen Regeln verfolgt werden. Entsprechend sind die kulturellen Regeln einer Organisation ebenfalls eine Voraussetzung für das Handeln der Organisationsmitglieder.[93] Eine Umsetzung der kulturellen Regeln zur Erreichung der Motive einzelner Individuen findet in der sozialen Interaktion statt. In dieser werden die in der Organisation vorhandenen Regeln durch die Organisationsmitglieder mit dem Ziel angewendet, ihre Motive zu verwirklichen. Handlungsmotivationen beruhen also auf einer handlungsleitenden, sozial geteilten Rationalität. Handeln findet demnach seine Grundlage in der Verschmelzung von allgemeinen menschlichen Bedürfnissen mit sozial-kulturellen Handlungsprogrammen. Durch diese werden Handlungsmöglichkeiten eröffnet und gleichzeitig Begrenzungen des Handelns in Kauf genommen.

Handeln in Organisationen ist stets Handeln im Verbund. Das bedeutet, die Organisationsmitglieder handeln gleichzeitig, wobei sich diese Handlungen regelmäßig wiederholen. Sie beeinflussen sich wechselseitig, wodurch sie variieren und stets neuen Handlungsbedarf erzeugen. Gerade durch diese wechselseitige Bezogenheit und Gleichzeitigkeit des Handelns der Organisationsmitglieder entsteht die Organisation als soziales Phänomen.[94] Das Handeln folgt jedoch in den seltensten Fällen einem einheitlich rationalen Plan.[95] Die spezifischen Organisationsstrukturen beeinflussen das soziale Handeln ihrer Mitglieder in besonderer und von Seiten der Organisation nur zum Teil intendierter Weise. Bei Verbundhandeln – und entsprechend auch bei Handeln in der Organisation – ist stets mit nicht-intendierten Handlungsfolgen zu rechnen, die auf die Organisation und ihre Mitglieder zurückwirken. Je größer nun der Verbund bzw. die Organisation ist, desto wahrscheinlicher ist es, dass es zu nicht-intendierten Handlungsfolgen kommt, da die Mechanismen des Tausches und der wechselseitigen Kontrolle keine ausreichende Ordnungssicherheit mehr bilden kön-

[93] Vgl. Hennen/Springer (1996), S. 14. Zu den kulturellen Regeln der Organisation vgl. ausführlich Kap. 3.2.2 über das Strukturmoment der Legitimation.
[94] Vgl. Hennen/Springer (1996), S. 13.
[95] Vgl. Kieffer (1994), S. 7.

nen.[96] Zu betonen ist außerdem, dass nicht die Organisation an sich handelt, sondern stets ihre Mitglieder. Sie tun dies relativ beständig und in erwartbarer Weise im Sinne der Organisation.[97] Durch diese Art zu handeln, bilden sich Strukturen als verfestigte Handlungsmuster aus.[98]

> „Handlungszusammenhang meint dann die Verknüpfung partikulärer individueller Handlungsweisen mit denen anderer entweder aus der Organisationsperspektive durch formale Satzungen und die Anforderungen kooperativer Arbeit oder aus der Sicht des jeweiligen Individuums als feste und verselbständigte Handlungsorientierung."[99]

Zusammenfassend lässt sich festhalten, dass durch die Fokussierung auf zwangsläufig die Organisations*mitglieder* in den Mittelpunkt der Betrachtung gestellt werden. Dabei wird die Mitgliedschaft in einer Organisation als freiwillig angenommen. Individuen treten einer Organisation bei, um ihre individuellen Ziele und Interessen zu verwirklichen. Zwar werden mit dem Eintritt in eine Organisation bestimmte formale Regeln derselben anerkannt[100], trotzdem verfolgen die Organisationsmitglieder primär ihre jeweils persönlichen Ziele und werden entsprechend von ihren Motiven geleitet.

2.1.2.4 Der Organisationsbegriff der interpretativen Organisationstheorie

Organisationen lassen sich also als soziale Gebilde definieren, die aus Handlungszusammenhängen ihrer Mitglieder bestehen. Die Mitglieder treten der Organisation aufgrund persönlicher Motive und Interessen bei, um diese dort zu verfolgen. Die Organisation hingegen verfolgt das Ziel, ihren Bestand zu sichern. Durch die Handlungen der Organisationsmitglieder bilden sich nun formale und informale Strukturen aus, die wiederum das Handeln der Mitglieder beeinflussen und somit eine Ordnung

[96] Vgl. ähnlich Hennen (1990), S. 22.

[97] Wenn im Laufe dieser Studie trotzdem von Organisationshandeln gesprochen wird, geschieht dies allein aus Gründen der Vereinfachung. Implizit muss stets mitgedacht werden, dass es konkrete Organisationsmitglieder sind, die handeln. Auch Weick betont, dass wann immer Organisationen handeln es Individuen sind, die handeln. Die Zuschreibung des Handelns zu Organisationen liegt daran, dass nicht solitäre Aktivitäten das organisatorische Handeln bestimmen sondern stets eine Vielzahl von Personen daran beteiligt ist (Vgl. Weick (1985), S. 53.).

[98] Vgl. Büschges/Lütke-Bornefeld (1977), S. 87.

[99] Büschges/Lütke-Bornefeld (1977), S. 88.

[100] Luhmann nennt dies die Mitglieds- oder auch Mitgliedschaftsrolle. Er ist in der Bezeichnung nicht einheitlich. Die Mitgliedschaft in der Organisation wird selbst als Symbol für eine bestimmte Rolle aufgefasst, die mit bestimmten Rechten und Pflichten verknüpft ist. Im Zuge des Beitritts zu einer Organisation und der damit verbundenen Übernahme der Mitgliedsrolle, akzeptiert der einzel-

herstellen. Für eine theoretische Unterfütterung dieser Definition bietet sich die interpretative bzw. konstruktivistische Organisationstheorie an.[101] Die interpretative Theorieperspektive konzentriert sich nach Wollnik in ihrem wissenschaftlichen Grundverständnis auf die subjektiven Wahrnehmungen und Deutungen der sozialen Akteure, in ihrem Gesellschaftsverständnis hingegen auf soziale Ordnung, Stabilität und Integration.[102] Es ist nicht möglich, von einer einheitlichen Theorierichtung zu sprechen, da hier eine Vielzahl einzelner, sozialwissenschaftlicher Theorieansätze zusammengefasst wird. Trotzdem teilen diese Ansätze alle eine generelle Ausrichtung und bestimmte theoretische Grundvorstellungen.[103] Als Begründer dieser Theorierichtung gilt George Herbert Mead.[104] Weitere prominente Vertreter dieser Theorierichtung sind bspw. der auf Mead aufbauende symbolische Interaktionismus Blumers, Giddens „Theorie der Strukturierung“ sowie Shimanoffs „Theorie der strukturbildenden Kommunikationsregeln“.[105] Eine von allen Ansätzen geteilte Grundannahme des interpretativen Paradigmas ist, dass sie die Wirklichkeit als sozial konstruiert und bewusstseinsabhängig verstehen.[106] Diese Wirklichkeit wird durch Interpretationen und Interaktionen der Mitglieder hergestellt und aufrechterhalten. Die soziale Konstruktion organisationaler Wirklichkeit erfolgt dabei vor allem durch Kommunikation unter Verwendung bestimmter sprachlicher Kategorien.[107] Das bedeutet, die Menschen schaffen sich eine soziale Wirklichkeit indem sie kommunizieren und interagieren. Diese Wirklichkeit erscheint ihnen und ihren Nachfolgern aufgrund von Sozialisation

---

ne gleichzeitig die an diese Rolle geknüpften formalen Erwartungen (Vgl. Luhmann (1976), S. 35ff.).

[101] In der Literatur wird diese Theorierichtung nicht einheitlich benannt. Wollnik (1992; 1995) und Bea/Göbel (1999) sprechen von der interpretativen Theorie, wohingegen Kieser (2001b) von der konstruktivistischen Organisationstheorie spricht. Im folgenden wird der Begriff der interpretativen Theorie verwendet, um diese Theorierichtung zu kennzeichnen.

[102] Vgl. Wollnik (1995), S. 304.

[103] Vgl. Wollnik (1995), S. 303; Bea/Göbel (1999), S. 172.

[104] Auf ihn geht die Annahme zurück, dass der menschliche Geist („Mind“) vor allem ein soziales Phänomen ist. Der Geist hat die Fähigkeit, Symbole zu nutzen, Objekte zu benennen, alternative Handlungsweisen zu entwickeln und eine passende Handlungsstrategie auszuwählen. Darüber hinaus hat das Individuum aufgrund seines Geistes die Fähigkeit, sich in andere hineinzuversetzen und die Meinungen, Einstellungen und Reaktionen seiner Interaktionspartner zu antizipieren. Dadurch entwickelt es eine Vorstellung davon, wie es von den anderen wahrgenommen wird, woran es wiederum seine Handlungen ausrichtet (vgl. Mead (1995), S. 236-253.).

[105] Für weitere Theorieansätze, die unter dieser Perspektive zusammengefasst werden, vgl. Wollnik (1995), S. 305, Tab. 10.1. Auf Giddens „Theorie der Strukturierung“ und ihre Bedeutung für Organisationen wird im Laufe der Arbeit noch explizit eingegangen. Vgl. hierzu Kap. 3.1.

[106] Vgl. Berger/Luckmann (1999).

[107] Vgl. Wollnik (1995), S. 304; Bea/Göbel (1999), S. 168. Zur Bedeutung der Sprache bei der gesellschaftlichen Konstruktion der Wirklichkeit vgl. besonders Berger/Luckmann (1999), S. 36-43.

als objektive Wirklichkeit.[108] Individuen handeln dabei stets auf Grundlage von Bedeutungen, die aus der Interaktion mit anderen abgeleitet werden. Diese Bedeutungen werden nicht nur übernommen, sondern auch interpretiert.

> „Die Interpretation der Bedeutung ist demnach ein ‚Mittel für die Steuerung und den Aufbau von Handlungen' ".[109]

Allerdings entsteht koordiniertes Handeln im kollektiven Kontext erst dann, wenn sich das Individuum an seinem Gegenüber ausrichtet und dazu in der Lage ist, ihm anzuzeigen, wie es sich zu verhalten hat. Darüber hinaus ist es nötig, „das Anzeigen der anderen Person aus deren Perspektive zu interpretieren, um herauszufinden, wie man sich selbst verhalten soll"[110]. Vertreter der interpretativen Theorierichtung gehen davon aus, dass sich die sozialwissenschaftliche Erkenntnis nur bei Berücksichtigung der individuellen Perspektiven der Akteure ergibt.[111] Für die Organisation als Erkenntnisgegenstand lässt sich daraus ableiten, dass nur dann erklärt werden kann, welche Prozesse in ihr ablaufen, wenn die Perspektiven der verschiedenen Organisationsmitglieder berücksichtigt und ihre gemeinsamen Sinnzusammenhänge deutlich gemacht werden.

Dem entspricht auch das zugrunde liegende Menschenbild, das den Menschen als auf der Grundlage seines freien Willens handelnd sowie eigenen Zielen und Motiven folgend versteht. Dabei werden die Menschen zwar durch äußere Faktoren – materielle und soziale – beeinflusst, jedoch nicht determiniert. Der Mensch ist weltoffen, bildbar und sozial.[112] Gerade aufgrund seiner Weltoffenheit[113] und Instinktreduktion benötigt er eine Ordnung, die verhindert, dass er sich im Chaos verliert.[114] Um diese Weltoffenheit in eine relative Weltgeschlossenheit umwandeln zu können, ist Externalisierung von Seiten der Menschen nötig. Externalisierung meint dabei „Entäußerung von subjektiv gemeintem Sinn"[115]. Gerade hier wird die Bedeutung von Kommunikation für sozial konstruierte Gebilde wie auch die Organisation deutlich.

---

[108] Vgl. Kieser (2001a), S. 288.
[109] Kieser (2001a), S. 289.
[110] Vgl. Mead (1995), S. 236ff; Kieser (2001a), S. 289.
[111] Vgl. Wollnik (1995), S. 304.
[112] Vgl. Bea/Göbel (1999), S. 165.
[113] Der Begriff der Weltoffenheit und die daraus gezogenen anthropologischen Folgerungen gehen zurück auf Plessner und Gehlen. Vgl. hierzu Berger/Luckmann (1999), S. 50.
[114] Berger/Luckmann beschreiben sehr treffend, wodurch die menschliche Weltoffenheit erzeugt wird, inwiefern es nötig ist, diese Weltoffenheit in eine relative Weltgeschlossenheit zu transformieren und wie dieser Prozess vonstatten geht. Vgl. hierzu Berger/Luckmann (1999), S. 54ff.
[115] Berger/Luckmann (1999), S. 53.

Wird dies nun auf Organisationen übertragen, lässt sich festhalten, dass das, was in Organisationen als Wirklichkeit erlebt und woran das Handeln der Organisationsmitglieder ausgerichtet wird, durch Interaktionen der Mitglieder selbst herbeigeführt und nur durch fortlaufende Interaktionen aufrechterhalten wird.

> „Die organisatorische Realität erscheint in den interpretativen Ansätzen (..) als eine durch Interaktionen hergestellte und aufrechterhaltene, kontinuierlich produzierte und reproduzierte Realität von Bedeutungen."[116]

Das bedeutet, die Organisationsmitglieder agieren in einer von ihnen konstruierten Wirklichkeit, für welche die Interpretationen der Mitglieder eine entscheidende Rolle spielen.

> „Die Organisationsmitglieder richten ihr Handeln auf der Grundlage von Bedeutungen ein. (...) Die dazu notwendige kognitive Verarbeitung von Bedeutungen wird begrifflich als Interpretation gefaßt."[117]

Somit werden die Organisationsmitglieder zu Agenten der permanenten Sinnkonstitution. Besonders Weick betont die Bedeutung von Sinngebungsprozessen in und für die Organisation.[118] Sinngebung ist dabei mit Sackman als Mechanismus zu verstehen, den Mitglieder einer Organisation verwenden, um Geschehen Sinn und somit Bedeutungen zuzuschreiben. Der Sinngebungsprozess schließt Normen und Regeln des Verhaltens, Interpretierens und Handelns ein, die typischerweise mit dem jeweiligen kulturellen Umfeld verbunden sind.[119] Sinngebung findet als reziproke, retrospektive[120] Interaktion von Informationssuche, Bedeutungszuschreibung sowie Handlung statt und ist als interpretativer Prozess für die Organisationsmitglieder notwendig, um die Organisation zu verstehen und dieses Verstehen miteinander zu teilen.[121] Das heißt, Handeln selbst kann mit Schütz als sinnleerer Ereignisstrom angesehen werden. Erst in einer späteren Reflexion wird dem Erlebten Sinn zugeschrieben.[122] Organisierte Interaktion produziert und reproduziert demnach fortlaufend den Raum

---

[116] Wollnik (1995), S. 308.
[117] Wollnik (1995), S. 309.
[118] Vgl. Walter-Busch (1996), S. 246.
[119] Vgl. Sackman (1991), S. 33; Weick (1995), S. 5.
[120] Gerade Weick betont die Retrospektivität von Sinngebungsprozessen unter Verwendung von Kommunikation, wenn er sagt: „Wie kann ich wissen, was ich denke, bevor ich sehe, was ich spreche?" (Weick 1985, S. 195.). Das bedeutet, erst durch nachträgliches Rückblicken auf mein Handeln – respektive kommunikativem Handeln – kann ich meinem Tun Sinn zuschreiben.
[121] Vgl. Weick (1995), S. 5f; ähnlich Kieser (2001a), S. 292.
[122] Zum schütz'schen Sinnbegriff vgl. Schütz/Luckmann (1979); Amann, Anton (1996), S. 236. Betrachtet man diesen Sinnbegriff, fällt die Nähe zu Luhmanns Verständnis von Sinn als Anschlussfähigkeit auf. Vgl. hierzu Luhmann (1987), S. 92-101.

der gemeinsamen Bedeutungen bzw. Interpretationen, den sie für ihren Bestand benötigt. Sinnkonstitution findet stets in einem Bezugsrahmen (frame of reference) statt. Unter Bezugsrahmen ist der generalisierte, allen Organisationsmitgliedern gemeinsame Ausgangspunkt zu verstehen, vor welchem Interpretationen vorgenommen werden.[123]

Die hier beschriebene, interaktive Sinnproduktion kommt besonders im Kommunikationsbegriff zum Tragen. Erst fortgesetzte Kommunikation erzeugt und erhält organisatorische Bedeutungsräume, da sie Intersubjektivität zustande bringt. Diese intersubjektiv geteilte Wirklichkeit ist notwendig, damit Interaktion und Verständigung in Organisationen gelingen kann. Durch symbolvermittelte Kommunikation können bestimmte, leistungsrelevante Bedeutungen von den Organisationsmitgliedern einheitlich interpretiert werden.[124] Die Organisationsmitglieder teilen dementsprechend einen gemeinsamen Bedeutungs- bzw. Wissenshintergrund[125] als Bezugsrahmen, anhand welchem Interpretationen vorgenommen werden.[126] Schütz und Berger/Luckmann nennen dieses Wissen *Alltagswissen*. Es hat einen ausgeprägten Routinecharakter und besteht aus Typisierungen sowie Rezeptwissen, wobei gerade dieses den Kernbereich des Alltagswissens ausmacht.[127] Auf diese Weise führt Kommunikation zu einer Vereinheitlichung der Perspektiven. Damit dient sie der Schaffung einer einheitlichen Basis, auf der spezifische Definitionsprozesse ansetzen und somit speziellere Bedeutungsmuster konstruiert werden können.[128]

Auch wenn die Organisationsmitglieder ihre je persönlichen Sichtweisen, Ziele und Motive innerhalb der Organisation beibehalten, ist es möglich, durch fortlaufende Kommunikation genügend Verständnisgemeinsamkeit zu erzeugen, so dass eine ausreichende Perspektivenkongruenz ausgebildet werden kann.[129] Diese Perspektivenkongruenz ist nötig, damit das Handeln der Organisationsmitglieder aufeinander ausgerichtet wird, wodurch der Erhalt der Organisation als Ganzes gesichert werden

---

[123] Vgl. Weick (1995), S. 4.

[124] Auf Kommunikation wird im weiteren Verlauf der Arbeit explizit eingegangen. Aus diesem Grund wird an dieser Stelle auf eine nähere Erklärung symbolvermittelter Kommunikation und ihrer Bedeutung verzichtet. Vgl. hierzu ausführlich Kap. 2.2.1 und Mead (1995), S. 81ff.

[125] Zur Bedeutung von geteiltem Wissenshintergrund im Sinne von lebensweltlichem Wissen und Alltagswissen für die Ausrichtung des Handelns der Individuen vgl. Schütz/Luckmann (1979) und Berger/Luckmann (1999), S. 43-48.

[126] Vgl. Kieser (2001a), S. 290f.

[127] Vgl. Kieser (2001a), S. 291; Berger/Luckmann (1999), S. 43ff.

[128] Vgl. Wollnik (1995), S. 308f.

[129] Vgl. Wollnik (1995), S. 311; Bea/Göbel (1999), S. 168.

kann. Durch Kommunikation und Interaktion der Organisationsmitglieder bildet sich ein Regelwerk aus, das handlungsleitend wirkt.

> „Im Ergebnis hat die Organisation eine Menge von mehr oder weniger bewussten Regeln, Konventionen, Rezepten und Routinen, aufgrund derer die Mitglieder wissen, wie Dinge getan und verstanden werden sollen."[130]

Diese Regelsysteme sind jedoch niemals fertig, sondern verändern sich permanent durch die stetig ablaufenden Interpretationsleistungen der Organisationsmitglieder. Die Persönlichkeit der Mitglieder, ihr Wissen, ihre Fähigkeiten prägen die geltende Ordnung sowie die Regelungen und verändern sie somit.[131] Auch Kommunikation ist dabei an bestimmte Regeln gebunden, wenn sie erfolgreich sein soll. Sie ist einer bestimmten methodischen Ausführung und Anwendung von Kommunikationsregeln unterworfen, wenn sie nicht von vorn herein zurückgewiesen werden soll.[132]
Diese Überlegungen implizieren, dass es *die* Wirklichkeit nicht gibt, sondern entsprechend der jeweiligen Situationsdefinition der Organisationsmitglieder Bedeutungen immer wieder aktualisiert, produziert und reproduziert werden. Dabei sind an der „kontinuierlichen Definition situationsspezifischer organisatorischer Bedeutungszusammenhänge"[133] im Sinne eines Aushandlungsprozesses stets mehrere Organisationsmitglieder beteiligt.

Zusammenfassend lässt sich festhalten, dass die Organisation im interpretativen Paradigma als eine von ihren Mitgliedern gemeinsam konstruierte Wirklichkeit verstanden wird, die durch fortlaufende Interaktion und Interpretation von Seiten dieser aufrechterhalten wird. Dabei wird allen Ereignissen, Zuständen und organisatorischen Regeln eine bestimmte Bedeutung beigemessen. Diese Bedeutungen wirken handlungsleitend und werden in einem Prozess der Sinngebung durch die Organisationsmitglieder hervorgebracht. Sie müssen interpretiert werden, um in Handlungen umgesetzt werden zu können. Eine besondere Rolle kommt dabei der Kommunikation zu, da sie die nötige Perspektivenkongruenz herstellt und so organisatorische Bedeutungsräume schafft.

---

130 Bea/Göbel (1999), S. 167.
131 Vgl. Bea/Göbel (1999), S. 169. Vgl. ähnlich Wollnik (1995), S. 315.
132 Vgl. Wollnik (1992), S. 1787.
133 Wollnik (1995), S. 311.

> „Übereinstimmungen in Interpretationen kommen beispielsweise dadurch zustande, dass Vorgesetzte die Regeln wiederholt erläutern und Feedback geben, d.h. kommunizieren, ob sie die Arbeitsergebnisse mit den Regeln in Übereinstimmung stehend betrachten."[134]

Laufende Kommunikation ermöglicht demnach eine Abstimmung der Handlungen und somit auch eine Annäherung in den Interpretationen der Regeln. Dadurch soll gesichert werden, dass zumindest die für den Bestand der Organisation notwendigen Bedeutungen von den Organisationsmitgliedern einheitlich interpretiert werden, wodurch die Organisation als Ganzes erhalten und reproduziert werden kann. Somit zeigt sich, dass das interpretative Paradigma sowohl Elemente des institutionellen, des tätigkeitsorientierten als auch des instrumentellen Organisationsbegriffs beinhaltet.

2.1.3 Arbeitsdefinition Organisation

Organisationen werden in dieser Studie nicht länger verstanden als rationale, maschinengleiche Gebilde, die fraglos ihre Ziele erreichen. Vielmehr ist einer „fundamentalen Zweideutigkeit"[135] Rechnung zu tragen. Organisationen sind einerseits zu verstehen als Systeme, die aus Menschen und deren sozialen Handlungen, Interaktionen und Kommunikationen gebildet werden.[136] Hier kommt also der institutionelle Organisationsbegriff zum tragen. Andererseits meint Organisation auch den Prozess des Organisierens und somit die Erzeugung einer Ordnung und bezieht demnach den tätigkeitsorientierten Organisationsbegriff mit ein. In der vorliegenden Studie werden beide Begriffe verbunden und es wird aufgezeigt, dass durch die Rekursivität menschlichen Handelns die Organisationsmitglieder diejenigen Strukturen als Resultat erzeugen (Organisation), die ihr weiteres Handeln erst ermöglichen und begrenzen (Prozess des Organisierens).[137] Das Ziel der Organisation ist dabei stets die Sicherung ihres Bestandes, was auch den instrumentellen Aspekt der Organisation einbezieht. Organisationen sind dabei als gleichzeitig vergesellschaftete und vergesellschaftende soziale Gebilde zu verstehen. Zum einen kommen gesellschaftliche Normen und Werte in der Organisation zum tragen und werden dort umgesetzt. Zum anderen gehen Rückkopplungen von der Organisation auf die Gesellschaft und die in ihr leben-

---

[134] Kieser (2001a), S. 303.
[135] Ortmann et al. (1997b), S. 315.
[136] Vgl. Ortmann et al. (1997a), S. 17.
[137] Vgl. Ortmann et al. (1997b), S. 315.

den Individuen aus.[138] Außerdem muss ein weiterer Doppelcharakter von Organisationen deutlich gemacht werden: Sie sind sowohl relativ statisch strukturierte soziale und gesellschaftliche Einheiten, als auch dynamische, sich im Wandel befindende Gebilde.[139] Eine Organisation ist dabei mehr als lediglich die Regelungen des Zusammenwirkens von Menschen im Hinblick auf gesetzte Ziele. Sie bezeichnet vielmehr ein soziales System im Hinblick auf die Gesamtheit aller geplanten, ungeplanten und unvorhergesehenen sozialen Prozesse, die in ihr oder in Beziehung zu ihrer Umwelt ablaufen.[140]

Organisationen sind historisch entwickelte soziale Gebilde, manifestieren Abhängigkeits- und Unterordnungsverhältnisse sowie Ungleichheiten und haben stets auch den Charakter eines Herrschaftsmittels. In einer Organisation ist prinzipiell bereits vor der Willensäußerung der einzelnen Positionsinhaber ein Rahmen abgesteckt, was der einzelne in welcher Situation wie zu tun hat, wer wem Befehle erteilen kann und wer über was durch wen zu informieren ist.[141] Neben der offiziell festgelegten, formalen Struktur einer Organisation besteht jedoch eine informale, der eine große Bedeutung für den Erhalt der Organisation zukommt. Auch die informale Organisation wirkt verhaltenssteuernd auf die Organisationsmitglieder und übernimmt Funktionen, die die formale nicht zu leisten in der Lage ist. Beide bestehen nebeneinander und sind ineinander verwoben, so dass eine Trennung nur analytisch möglich ist. Vielmehr ist sogar erst durch die Kenntnis des einen das andere verständlich, was auch die große Bedeutung der informalen Organisation erklärt.

2.2 Zum Begriff der Kommunikation

Organisationen werden demnach als Handlungssysteme betrachtet. Bereits Barnard betonte die besondere Rolle, die dabei der Kommunikation zukommt. Kommunikation kann Handlungen einführen, wichtige Informationsprozesse kontrollieren und so koordinierend wirken. Sie ist dabei als Werkzeug der Sinngebung zu verstehen.[142] Kommunikation wird vielfach als Lebensblut der Organisation angesehen, durch das

[138] Vgl. Ortmann et al. (1997a), S. 19.
[139] Vgl. Herrmann (1994), S. 91.
[140] Vgl. Hillmann (1994), S. 638.
[141] Vgl. Hillmann (1994), S. 638.
[142] Vgl. bspw. Barnard (1938), S. 82f und 89ff. Zum Sinngebungsprozess und der Bedeutung von Kommunikation in diesem Zusammenhang vgl. Kap. 2.1.2.4.

Organisation an sich überhaupt erst möglich wird.[143] Sie ist der Prozess, der die Interessen und Motive der einzelnen Organisationsmitglieder soweit aufeinander abstimmen kann, dass Kooperation möglich wird. Um dies deutlich zu machen, ist es zunächst nötig, den Begriff der Kommunikation näher zu definieren. Das wird dadurch erschwert, dass die Kommunikationswissenschaft kein einheitliches Theoriefeld ist. Es gibt nicht *die* Kommunikationstheorie, sondern vielmehr ist Kommunikation ein Untersuchungsgegenstand der verschiedensten Disziplinen. Entsprechend der jeweiligen Forschungsfrage, unterscheiden sich ebenso wie bei dem Organisationsbegriff die Definitionen von Kommunikation erheblich.[144] Für diese Studie ist von Interesse, welche Rolle Kommunikation in Organisationen spielt und wie sie in dieser wirkt. Aus diesem Grund wird auf den *Prozess der Kommunikation* besonderes Augenmerk gelegt. In Bezug auf Organisationen wird dabei häufig die mathematische Informationstheorie[145] in den Mittelpunkt der Betrachtung des Kommunikationsprozesses gestellt. Die hier getroffene Modellannahme der Informationsübermittlung ausgehend von einem Sender an einen Empfänger erscheint in unserem Zusammenhang jedoch als verkürzt, auch wenn sie häufig um eine vom Empfänger an den Sender rücklaufende Feedback-Schleife erweitert wird. Kommunikation in Organisationen ist kein einseitig linearer Informationsfluss, sondern mit Bezug auf die obige Organisationsdefinition ein wechselseitig stattfindender Prozess der Bedeutungsvermittlung, durch den eine Koordination der Einzelhandlungen der Organisationsmitglieder erreicht werden soll.[146] Dieser Prozess der Bedeutungsvermittlung wird nun in seinen Merkmalen skizziert. Anschließend werden spezifische Merkmale organisationaler Kommunikation aufgeführt sowie die Funktionen der Kommunikation für die Organisation herausgearbeitet.

[143] Vgl. Funke-Welti (2000), S. 25.

[144] Vgl. bspw. Gebert (1992), Sp. 1110f; Theis (1994), S. 18. Eine ausführliche Übersicht über 160 Definitionen von Kommunikation gibt Merten (1977), S. 168ff.

[145] Vgl. hierzu Reimann (1968), S. 82ff; Merten (1977), S. 42ff; Theis (1994), S. 22ff; Radlansik (1995), S. 33ff.

[146] Vgl. Hahne (1997), S. 89f.

2.2.1 Was ist Kommunikation?

Grundsätzlich gibt es zwei Möglichkeiten, den Zusammenhang zwischen Kommunikation und Handlung in Organisationen zu betrachten. Zum einen lässt sich Kommunikation verstehen als spezifische Form sozialen Handelns, das in der Ausführung von Mitteilungsakten oder Sprechhandlungen besteht, mit denen intentional ausgewählte Informationen bzw. Interaktionsangebote übermittelt werden sollen.[147] Zum anderen lässt sich Handlung als Produkt kommunikativer Prozesse bezeichnen, wobei der Handlungssinn durch retrospektive Bedeutungszuweisung in Form von Anschlussäußerungen zugewiesen wird.[148] Die beiden Perspektiven lassen sich nun verbinden, indem man in kommunikatives Handeln und Kommunikation trennt. Nach Burkhard ist *kommunikatives Handeln* ein Handeln, das stets intentional ist und sich ausdrücklich auf ein Gegenüber richten muss. Kommunikatives Handeln ist somit stets soziales Handeln. Ein kommunikativ Handelnder verfolgt dabei zunächst eine allgemeine Intention und zwar die, etwas *mitteilen* zu wollen. Damit verfolgt er das *konstante Ziel* der *Verständigung*, die er zwischen sich und seinem Gesprächspartner herstellen will. Dieses Ziel ist dann erreicht, wenn die Kommunikationspartner die jeweils gemeinten Bedeutungen tatsächlich teilen. Darüber hinaus besitzt jeder kommunikativ Handelnde eine *spezielle Intention*. Er möchte durch sein kommunikatives Handeln sein persönliches Interesse bzw. Motiv verfolgen. Dieses *variable Ziel* ist dann erreicht, wenn das konkrete Interesse des Mitgliedes tatsächlich realisiert wurde. Kommunikatives Handeln findet also nicht allein statt, um Verständigung zu erreichen, sondern primär – wie alles Handeln – um die Realisierung der Interessen zu verfolgen, die grundsätzlich den Anlass der kommunikativen Aktivitäten darstellen.[149]

Kommunikatives Handeln ist nun jedoch nicht gleichzusetzen mit Kommunikation als dem Prozess der Bedeutungsvermittlung zwischen Menschen.[150] Es ist eine hinreichende aber noch keine notwendige Bedingung. Damit *Kommunikation* stattfinden kann ist es nötig, dass mindestens zwei Menschen zueinander in Kontakt treten und

---

147 Vgl. Radlanski (1995), S. 220.

148 Vgl. Schneider (1994), S. 11f.

149 Vgl. Burkhart (1998), S. 25ff. Vor allem Habermas hat sich um den Begriff des kommunikativen Hanelns in Verbindung mit dem Ziel der Verständigung verdient gemacht. Vgl. hierzu Habermas (1995).

interagieren. Kommunikation kann demnach als spezifische Form der sozialen Interaktion verstanden werden, was eine Wechselseitigkeit der Handlungen einschließt. Das bedeutet, „Kommunikation ist erst dann möglich, wenn (mindestens zwei) Menschen ihre kommunikativen Handlungen wechselseitig aufeinander richten“[151]. Das allein genügt jedoch noch nicht. Kommunikation liegt erst dann vor, wenn diese Individuen darüber hinaus einander etwas mitteilen wollen, um dadurch Verständigung zu erreichen. Erst dann kann von einer wechselseitigen Bedeutungsvermittlung ausgegangen werden.[152] Im Kommunikationsprozess findet also eine wechselseitige Orientierung und Verschachtelung der Motive der Kommunikationspartner (Kommunikanten) statt. Daraus resultieren die je verschiedenen Handlungsstrategien und -taktiken, die der Verfolgung der persönlichen Interessen dienen.[153] Als oberstes Ziel der Kommunikation ist jedoch stets die Verständigung anzunehmen.[154] Kommunikation ist entsprechend an intentionales, gerichtetes kommunikatives Handeln mindestens zweier Kommunikanten gebunden.[155]

Kommunikation als wechselseitiger Prozess der Bedeutungsvermittlung findet in der Interaktion i.d.R. *symbolvermittelt* statt.[156] Das bedeutet, die Kommunikanten treten unter Verwendung von Symbolen miteinander in Interaktion, um Verständigung zu erreichen und ihre persönlichen Ziele zu verfolgen. Diese Verständnis von symbolhafter Kommunikation geht zurück auf George Herbert Mead. Er sah Kommunikation als Mechanismus zur Konstituierung menschlicher Beziehungen und zur gegenseitigen Verhaltensbeeinflussung sowie Handlungssteuerung.[157] Eine besondere Rolle kommt dabei der *Geste* zu. Gesten rufen in den am Kommunikationsprozess Beteiligten Reaktionen hervor, die wiederum Reiz für neuerliche Anpassungen werden. Bei bewusstem Einsatz werden Gesten zu *signifikanten Symbolen.* Diese aktualisieren in allen Kommunikanten die gleiche Bedeutung, weshalb in ihnen die gleichen Reaktionen ausgelöst werden.[158] Signifikante Symbole sind nur auf konventioneller Basis

---

[150] Kommunikation findet nicht nur zwischen Menschen statt, sondern auch zwischen anderen Lebewesen. Im Folgenden wird jedoch der Terminus Kommunikation mit menschlicher Kommunikation gleichgesetzt.
[151] Burkhart (1998), S. 32.
[152] Vgl. Burkhart (1998), S. 30ff.
[153] Vgl. Radlanski (1995), S. 221.
[154] Vgl. Radlanski (1995), S. 223; Merten (1977), S. 52.
[155] Vgl. Radlanski (1995), S. 221.
[156] Vgl. bspw. Hahne (1997), S. 100ff; Burkhart (1998), S. 35ff; Theis (1994), S. 40ff.
[157] Vgl. Mead (1995), S. 299ff; Radlanksi (1995), S. 40.
[158] Vgl. Mead (1995), S. 107ff.

möglich, was impliziert, dass sie sich auf von allen geteilte Konventionen stützen müssen.[159] Dafür ist es nötig, dass sie auch vom Hervorbringer des Symbols wahrgenommen werden. Als besonders bedeutsam ist dabei die *Sprache* anzusehen, weil sie über die höchste Selbstwahrnehmbarkeit verfügt. Sprache wirkt verhaltenssteuernd und sinnstrukturierend, da sie eine intersubjektive Struktur erzeugt, die ihrerseits wieder strukturierend auf die zukünftigen kommunikativen Handlungen wirkt.[160] Kommunikation ist also ein über Symbole medial vermittelter Prozess, der auf Verständigung zielt. Das eigene kommunikative Handeln wird am Verhalten und den Verhaltenserwartungen des Gegenübers ausgerichtet, wodurch eine wechselseitige Koordinierung möglich wird und soziales sowie kollektives Handeln entstehen kann.[161]

Kommunikatives Handeln besteht nun stets aus einem Inhalts- und einem Beziehungsaspekt und findet regelgeleitet statt. Der Inhaltsaspekt beinhaltet die Information, die mitgeteilt werden soll, wohingegen der Beziehungsaspekt die Aufnahme und Einordnung derselben bestimmt. Dabei wird der Inhaltsaspekt vom Beziehungsaspekt dominiert[162]: Je nach dem, in welcher Beziehung die Kommunikanten zueinander stehen, können einer Äußerung unterschiedliche Inhalte zugeschrieben werden. Das kommunikative Handeln findet dabei nicht nur verbal mittels Sprache statt, sondern vielfach auch non-verbal.[163] Die verbale Kommunikation benötigt non-verbale Elemente wie Mimik und Gestik zur Ergänzung der zu übermittelnden Information. Umgekehrt benötigt die non-verbale Kommunikation die verbale zur Konkretisierung der Inhaltsangabe. Die non-verbalen Elemente des kommunikativen Handelns drücken die Zuverlässigkeit des Gesprächspartners aus. Nur so ist die Aufrechterhaltung von Kommunikation überhaupt möglich.[164] Stehen die non-verbalen Elemente im Widerspruch zu den verbalen Aussagen des Gegenübers, können im Beziehungsaspekt schwerwiegende kommunikative Störungen verursacht werden, die sich auf den Inhaltsaspekt ausweiten können.[165]

---

159 Vgl. Burkhart (1998), S. 40.
160 Vgl. Merten (1977), S. 129ff.
161 Vgl. Mead (1995), S. 216ff.Radlanski (1995), S. 42f.
162 Vgl. Radlanski (1995), S. 36ff.
163 Vgl. Hartig (1997), S. 23ff; Gebert (1992), Sp. 1111ff.
164 Vgl. Hartig (1997), S. 23ff. Vgl. außerdem die Ausführungen zu non-verbaler Kommunikation in Kap. 3.3 dieser Arbeit.
165 Vgl. Gebert (1992), Sp. 1112.

Kommunikation ist also ein wechselseitig aufeinander ausgerichteter, symbolisch vermittelter Prozess der Bedeutungsvermittlung zwischen mindestens zwei Menschen, die das konstante Ziel der Verständigung verfolgen. Der Grund für ihr kommunikatives Handeln ist jedoch in ihren persönlichen Interessen zu sehen, die sie erfüllen möchten. Die Kommunikation ist dann als erfolgreich einzuschätzen, wenn Verständigung über die zu vermittelnden Bedeutungen erzielt wurde. Kommunikation muss demnach verstanden werden als „gemeinsame Aktualisierung von Sinn“[166]. Dabei ist zu beachten, dass die Bedeutung, die ein Individuum einem Symbol zuschreibt, abhängig ist von seinen persönlichen Erfahrungen in den verschiedensten „Erlebnisdimensionen“. Ein Individuum ist stets Mitglied mehrerer solcher Erlebnisdimensionen, die zusammengenommen seinen Bedeutungsvorrat ausbilden und prägen. Auf diese Weise bildet sich eine jeweils subjektive Bedeutung des „Gegenstandes“ bei den einzelnen Kommunikanten aus. Nur wenn Teile dieses gespeicherten Bedeutungsvorrates der Kommunikanten deckungsgleich sind, kann Verständigung zwischen ihnen zustande kommen.[167] Kommunikation ist also stets an die Existenz eines Symbol-, Beziehungs- und/oder sozialen Systems gebunden. Gleichzeitig wird durch wechselseitig aufeinander bezogenes kommunikatives Handeln dieses System reproduziert.[168] Kommunikatives Handeln richtet sich demnach an Strukturen aus, die durch vorangegangenes kommunikatives Handeln hervorgebracht wurden. Auf diese Weise setzen kommunikative Handlungen Strukturen und sind gleichzeitig Voraussetzungen für weitere Handlungen.[169] Somit wird Wirklichkeit kommunikativ erzeugt.[170]

Erfolgreiche Kommunikation kann demnach nur erreicht werden, wenn zumindest Teile des Bedeutungsvorrats der Kommunikanten deckungsgleich sind. Selbst dann kann es jedoch zu schwerwiegenden Kommunikationsproblemen kommen. Zum einen ist *Nichtverstehen* denkbar, das immer dann auftreten kann, wenn Sprecher und Hörer über unterschiedliche sprachliche Zeichenvorräte verfügen, oder sprachliche Äußerungen nicht als solche verstanden werden. Das bedeutet, Nichtverstehen liegt vor, wenn die Kommunikanten unterschiedliche Sprachen sprechen. Zum anderen ist allerdings auch ein *Missverstehen* des Mitgeteilten möglich. Missverstehen liegt vor,

---

[166] Luhmann zit. nach Burkhart (1998), S. 53.
[167] Vgl. Burkhart (1998), S. 55ff.
[168] Vgl. Theis (1994), S. 112.
[169] Vgl. Radlanski (1995), S. 33ff.
[170] Vgl. hierzu die Ausführungen in Kap. 2.1.2.4.

wenn mit den verwendeten sprachlichen Zeichen unterschiedliche Bedeutungen verbunden bzw. die gesetzten Sprechakte unterschiedlich interpretiert werden. Diese Sprachbarrieren entstehen, wenn das für die Verständigung nötige Mindestmaß an Deckungsgleichheit im Zeichenvorrat nicht gegeben bzw. mit anderen Bedeutungen versehen ist.[171]

2.2.2 Besondere Merkmale organisationaler Kommunikation

Auch Kommunikation in Organisationen ist ein Prozess der medialen wechselseitigen Bedeutungsvermittlung mit dem Ziel der Verständigung und findet aufgrund persönlicher Interessen der Organisationsmitglieder statt. Sie findet jedoch in einem Umfeld statt, das im Hinblick auf bestimmte Zielvorgaben formalisiert ist und sich durch eine hohe Regeldichte auszeichnet. Das bedeutet, Kommunikation findet in Organisationen in einem stark strukturierten Kontext statt. Dabei ist zu beachten, dass die kommunikativen Handlungen der Organisationsmitglieder diese Strukturen produzieren, reproduzieren und beeinflussen. Die Strukturen ermöglichen den Organisationsmitgliedern zum Teil den Verzicht auf zeitraubende Kommunikation, da sprachliche Verständigung in der Organisation durch Steuerungsmedien entlastet wird. Die Organisationsmitglieder sind deshalb nicht mehr gezwungen, durch Verwendung kommunikativer Mittel Konsens herzustellen. Sie handeln vielfach kommunikativ quasi unter Vorbehalt, da Prozesse der Verständigung mit Bezug auf formale Regeln jederzeit abbrechbar sind. Durch die formalen Regeln der Organisation werden die kommunikativen Handlungen in der Organisation berechenbar, weil sie die Organisationsmitglieder von Verständigungs- und Interpretationsleistungen entbinden.[172] Die Kommunikationsbeziehungen in Organisationen werden vorstrukturiert, spezifiziert und eingegrenzt und es besteht ein formales Kommunikationssystem mit definierten Wegen, das unabhängig von den Wesenszügen der einzelnen Organisationsmitglieder existiert.[173] Abweichungen von diesen formalen Vorgaben sind, wie für Verstöße gegen formale Strukturen generell, sanktionierbar.[174]

---

[171] Vgl. Burkhart (1998), S. 84ff.

[172] Vgl. Funke-Welti (2000), S. 25f., Bei Nedelmann wird dieser Sachverhalt als Entlastungsfunktion durch Institutionen bezeichnet (vgl. Nedelmann (1995b), S. 18f.).

[173] Vgl. Funke-Welti (2000), S. 35f.

[174] Vgl. hierzu die Ausführungen in Kap. 2.1.2.2 und Lepsius (1997), S. 60.

Die kommunikativen Handlungen der Organisationsmitglieder sind jedoch durch die formalen Regeln nicht vollständig determiniert. Genauso wie in anderen Bereichen bilden sich auch hier informale Elemente aus, die als formal nicht sanktionierbare Gegebenheiten verstanden werden müssen.[175] Neben den formal vorgegebenen Kommunikationswegen, die sich aus dem Organigramm und der organisationalen Arbeitsstellung ergeben, besteht informale Kommunikation. Kommunikatives Handeln kann nun auf verschiedene Weisen informal erfolgen. Zum einen können formale Inhalte auf informalen Kommunikationswegen mitgeteilt werden. Da der formale Kommunikationsweg häufig umständlich und lang ist, bilden sich neben diesem informale Wege, durch die der Informationsfluss beschleunigt werden soll. Zum anderen können sachfremde Themen Inhalt der kommunikativen Handlung sein. Diese können entweder unter Verwendung der formalen Dienstwege kommuniziert werden oder auf informalen Kommunikationswegen. Der informalen Kommunikation kommt dabei in Organisationen grundsätzlich eine so große Bedeutung zu, dass „die ausschließliche Benutzung formaler Kommunikationswege (‚Dienstweg‘) als Anzeichen ernsthafter Krisen zu werten [ist, S.D.] im Gegensatz zum ‚Normalzustand‘, der durch eine parallele Nutzung formaler und informaler Kanäle gekennzeichnet ist“ [176]. Entsprechend lässt sich sagen, dass erst durch eine Verbindung von formalen und informalen Elementen die gesamte Kommunikationsstruktur einer Organisation abgebildet werden kann.[177] Informale Kommunikation ist dabei nur mit Blick auf die Rationalitäten der Organisationsmitglieder erklärbar. In der Organisation treffen die verschiedensten Motive aufeinander, weshalb von Mixed-Motive-Situationen gesprochen werden kann. Die Kommunikationen sind demnach durch die unterschiedlichsten Interessen und Motive gekennzeichnet und enthalten dadurch sowohl Anreize zur Kooperation als auch zum Wettbewerb.[178]

Kommunikatives Handeln in Organisationen zeichnet sich jedoch durch Ambiguität aus. Es wird häufig auf mehrdeutige, nicht eindeutige Weise kommunikativ gehandelt und zwar meist dann, wenn direkte und eindeutige Botschaften zu negativen Konsequenzen führen könnten. Entsprechend kann diese Mehrdeutigkeit auch strategisch eingesetzt werden: Dort, wo in Interdependenzverhältnissen gute Beziehungen aufrecht erhalten werden sollen, kann es sinnvoll sein, seine kommunikativen Handlun-

[175] Vgl. hierzu Kap. 2.1.2.2.
[176] Theis (1994), S. 245.
[177] Vgl. Funke-Welti (2000), S. 35.
[178] Vgl. Theis (1994), S. 113.

gen mehrdeutig zu formulieren.[179] Dadurch, dass Aussagen bewusst mehrdeutig formuliert werden, können unterschiedliche Ansichten innerhalb der Organisation verdeckt werden, was sowohl funktional als auch dysfunktional auf die Organisation wirken kann. Funktional daran ist, dass mehrdeutiges kommunikatives Handeln integrierend wirken kann, da die Unterschiede zwischen den Organisationsmitgliedern verwischt werden. Auf diese Weise kann eine „vereinte Vielfalt" erzeugt werden.[180] Dysfunktional wirkt mehrdeutiges kommunikatives Handeln hingegen, wenn eine Verständigung der Organisationsmitglieder durch die Ambiguität erschwert bzw. verschleppt wird. Das ist darauf zurückzuführen, dass unterschiedliche Interpretationen des kommunikativen Handelns von Seiten der Kommunikanten nicht nur möglich, sondern sogar wahrscheinlich sind. Berufs- und arbeitsfeldbedingte Interpretationsdifferenzen von Symbolen können zu massiven Verständigungs- und somit Kommunikationsproblemen in der Organisation führen, was folgenreiche Auswirkungen auf diese haben kann.[181]

Zusammenfassend lässt sich festhalten, dass Kommunikation in Organisationen ein Prozess wechselseitiger, durch Symbole transportierte Bedeutungsvermittlung ist. Anders als in anderen sozialen Situationen ist er jedoch stark vorstrukturiert. In Organisationen findet regelgeleitetes Kommunikationsverhalten statt, wobei durch das Setzen formaler Regelungen Unsicherheiten auf Seiten der Organisationsmitglieder reduziert werden sollen. Auf dieser so erzeugten „Pseudosicherheit" basieren die (kommunikativen) Handlungen der Organisationsmitglieder, da sie sich an ihr ausrichten. Die formalen Regeln strukturieren die organisationale Kommunikation, weil sich das Handeln der Organisationsmitglieder an spezifischen Erwartungen und Normen orientiert.[182] Die Kommunikationsstruktur wird also einerseits von der Organisation sowie ihren formalen und informalen Regeln beeinflusst, entsteht jedoch andererseits erst durch die wechselseitig aufeinander gerichteten kommunikativen Handlungen ihrer Mitglieder.[183] Organisationale Kommunikation findet dabei sowohl formal als auch informal statt, wobei der informalen Kommunikation eine besondere Bedeutung für die Bestandssicherung der Organisation zukommt. Auch informale Kommunikation wirkt demnach strukturbildend auf die Organisation, da sich die Or-

[179] Vgl. Theis (1994), S. 57f.
[180] Vgl. Theis (1994), S. 61.
[181] Vgl. Theis (1994), S. 53.
[182] Vgl. Theis (1994), S. 84ff.
[183] Vgl. Reimann (1968), S. 96.

ganisationsmitglieder zu einem großen Teil auch an den dort vermittelten Handlungserwartungen orientieren.[184]

2.2.3 Die Funktionen der Kommunikation für die Organisation

Der Kommunikation bzw. dem kommunikativen Handeln an sich kommen nun verschiedene Funktionen in der Organisation zu. Zum einen soll die durch sie erzielte Verständigung eine Koordination des Handelns der Organisationsmitglieder erreichen. Funktional spezialisierte Bereiche der Organisation können durch Kommunikation aufeinander abgestimmt werden, wodurch Koordination möglich wird.[185] Verständigung zielt demnach auf erhöhte Handlungskoordination[186]. Durch den Einfluss, den Kommunikation auf die organisationalen Strukturen ausübt, wirkt sie verhaltens- und handlungssteuernd und kann so die Organisationsmitglieder zumindest zum Teil auf die Organisationsziele ausrichten.[187] Auch in der Organisation sind jedoch Sprachbarrieren und Kommunikationsprobleme gegeben, die die Handlungskoordination erschweren. Eines der größten Kommunikationshindernisse ist dabei in den unterschiedlichen Perspektiven und Interessen der einzelnen Organisationsmitglieder zu sehen. Daneben verfügen die Mitglieder über je unterschiedliche Interpretationsschemata und ihr gemeinsamer Zeichenvorrat ist z.T. gering. Außerdem kann es zu Problemen führen, dass die normativen Orientierungen zwischen den einzelnen Abteilungen zum Teil stark differieren können. Dies erschwert die Integration und Verständigung und wirkt sich entsprechend zum Teil massiv auf die Handlungskoordination aus.[188] In diesem Zusammenhang ist jedoch darauf zu verweisen, dass Handlungskoordinierung auch ohne gemeinsame Werte, Ziele und Situationsdefinitionen möglich ist.[189] Die Organisationsmitglieder müssen nicht zwingend über geteilte Annahmen verfügen, wenn sie sich als Repräsentanten von Gruppierungen betrachten und sich aufgrund dessen wechselseitig bestimmte typische Interpretationsmuster und -interessen unterstellen.[190] Die bestehende formale Struktur der Organisation ist dabei

---

[184] Vgl. Funke-Welti (2000), S. 59. Vgl. außerdem die Ausführungen zu formalen und informalen Elementen der organisationalen Struktur und ihre handlungsleitende Wirkung in Kap. 2.1.2.2.
[185] Vgl. Knoblauch (1995), S. 8; Sperka (1996), S. 14.
[186] Vgl. Gebert (1992), Sp. 1114.
[187] Vgl. Radlanski (1995), S. 40 und S. 232.
[188] Vgl. Gebert (1992), Sp. 1118.
[189] Vgl. Theis (1994), S. 52.
[190] Vgl. Theis (1994), S. 114. Als typisches Beispiel hierfür lässt sich das Verhältnis zwischen Betriebsrat und Arbeitgeber anführen.

sehr hilfreich, da die Mitglieder durch sie bestimmten Stellen und Abteilungen zugeordnet werden, was eine Einteilung erleichtert. Darüber hinaus kann Kommunikation die soziale Einbindung der Organisationsmitglieder fördern und zu ihrem Wohlbefinden und ihrer Gesundheit beitragen.[191] Der Kommunikation kommt demnach eine sozial-integrierende Funktion zu. Sie erzeugt durch die mit ihr einhergehende Anbindung an andere ein Gemeinschaftsgefühl zwischen den Mitgliedern. Auf diese Weise kann durch Kommunikation Solidarität unter den Organisationsmitgliedern entstehen[192], wodurch möglicherweise deren Bindung an die Organisation gestärkt wird.[193] Durch Kommunikation kann darüber hinaus ein Leitbild vermittelt werden, das bei den Mitarbeitern ein Gemeinschaftsgefühl hervorruft und sie dazu veranlasst, sich an die Organisation zu binden. Außerdem wird den Organisationsmitgliedern kommunikativ eine Rückmeldung über ihr Verhalten und ihre Leistung gegeben, was sie zu besserer Leistung motivieren kann.[194]

Eine besondere Rolle kommt bei der Erfüllung der hier aufgeführten Funktionen der informalen Kommunikation zu. Durch informale Kommunikation können Informations- und Koordinationsmängel der formalen Kommunikation kompensiert werden. Dort, wo formale Kommunikationsmechanismen nicht ausreichen, um die Informationsverarbeitung entsprechend der organisationalen Anforderungen zu gewährleisten, bilden sich informale Wege. Auf dem sogenannten „kleinen Dienstweg" können Informationen meist schneller und ohne große Umwege weitergegeben werden. Informale Kommunikationswege entwickeln sich also – zumindest zum Teil – auf der Grundlage von organisationalen Notwendigkeiten und sind somit funktional für die Organisation.[195] Darüber hinaus dient informale Kommunikation allerdings auch der persönlichen Bedürfnisbefriedigung der Organisationsmitglieder wie bspw. der Selbstbehauptung und der Integration in die Organisation. Auf diese Weise stärkt sie u.U. das Gemeinschaftsgefühl, was wiederum positiv für die Organisation zu werten ist.[196] Neben diesen funktionalen Wirkungen kann informale Kommunikation jedoch auch dysfunktionale Effekte auf die Organisation ausstrahlen. So können bspw. durch die Verwendung formaler Kommunikationskanäle für informalen Themen diese We-

[191] Vgl. Sperka (1996), S. 14.
[192] Vgl. Burkhart/Hömberg (1992), S. 13; Knoblauch (1995), S. 6.
[193] Vgl. die Ausführungen über die motivierende Wirkung der Kommunikation in Kap. 4.3.
[194] Vgl. Sperka (1996), S. 14f. Vgl. auch Kap. 4.3.
[195] Vgl. Funke-Welti (2000), S. 48ff.
[196] Vgl. Funke-Welti (2000), S. 38ff.

ge derart „verstopfen“, dass formale Themen nicht mehr transportiert werden können. Ein Beispiel hierfür ist zum Beispiel die Verwendung des Telefons, um Privatgespräche zu führen. In diesem Moment ist es nicht möglich, per Telefon über andere, für die Organisation relevante Themen, zu kommunizieren. Außerdem ist es denkbar, dass informale Kommunikation auch über informale Wege dysfunktional für die Organisation wirken kann, da sie die Organisationsmitglieder davon abhält, die ihnen gestellten Aufgaben zu erledigen. Grundsätzlich ist deshalb informale Kommunikation als ein in seinen Wirkungen ambivalentes Phänomen anzusehen. Auf der einen Seite ist sie funktional für die Organisation, andererseits kann sie sich jedoch auch negativ auf diese auswirken.

2.3 Zusammenfassung und Spezifizierung der Fragestellung

Organisationen sind also keine rein rationalen Gebilde, sondern aus Handlungs- und Kommunikationszusammenhängen konstruierte soziale Systeme. Handeln ist dabei nicht von Kommunikation trennbar, da sich Denken und Sprechen gegenseitig voraussetzen und ergänzen. Durch Sprache und kommunikative Handlungen werden die Organisation und somit auch die Handlungen ihrer Mitglieder strukturiert und geordnet.[197] Organisationen sind demnach Konstrukte, die durch Interaktionen und kommunikative Handlungen ihrer Mitglieder entstehen. Sie werden durch die Interpretationen der Handlungen ihrer Mitglieder produziert und reproduziert. Kommunikation kann Handlungen einführen, Informationsprozesse kontrollieren und dadurch koordinierend wirken. Sie ist demnach als Werkzeug der Sinngebung zu verstehen.[198] Dabei nimmt die informale Kommunikation eine wichtige Stellung ein. Die Organisation ist durchzogen von informalen Kanälen und entsprechend sind diese nicht als Fremdkörper anzusehen. Informale Kommunikation und daraus resultierende Koordination sind dabei nicht lediglich Reaktionen auf Informationsdefizite, sondern vielmehr das Ergebnis eines komplexen Ineinandergreifens individueller und organisationaler Faktoren. Die Kommunikation in Organisationen wird entsprechend durch die Gelegenheiten und Zwänge der Handlungssituation bestimmt.[199] Schall bezeichnet Organisationen als Einheiten, die durch kontinuierlichen kommunikativen Handlungsaustausch und die Interpretationen ihrer Teilnehmer entwickelt sowie fortgeführt wer-

---

[197] Vgl. Radlanski (1995), S. 216.
[198] Vgl. Barnard (1938), S. 82f und 89ff.
[199] Vgl. Funke-Welti (2000), S. 56ff.

den. In der Form, in der sie die interagierenden Teilnehmer durch Kommunikation organisieren, binden sie geteilte Bedeutungszuschreibungen von Themen, die von gemeinsamem Interesse sind und entwickeln so ein kollektives „Wir". Dementsprechend entstehen Organisationen erst durch Kommunikation bzw. kommunikatives Handeln. Ist die Kommunikation gestört, kann auch die Organisation nicht mehr funktionieren.[200] Nur dort, wo Kommunikation erfolgreich stattfindet und Verständigung erreicht wird, kann Organisation überhaupt entstehen. Demnach ist Kommunikation mehr als nur ein Element von Organisationen. Sie ist vielmehr als ein die Organisation konstituierendes Merkmal zu bezeichnen.

Organisationen sind demnach sinnproduzierende Einheiten, die primär durch das kommunikative Handeln ihrer Mitglieder erzeugt werden und einen sozialen sowie gesellschaftlichen Charakter aufweisen.[201] Aber:

> „Auch wenn das Konstrukt Organisation ‚in letzter Instanz' auf Handlungen von Menschen zurückgeführt wird, wird dennoch mit seiner Verdinglichung gerechnet: Organisation kann sich den Menschen gegenüber verselbständigen (...)."[202]

Organisationen sind Werkzeuge kollektiven Handelns und somit künstliche Gebilde, deren Existenz und Fortbestand nicht selbstverständlich, sondern stets problematisch und bedroht ist.[203] Es kann nicht davon ausgegangen werden, dass die Folgebereitschaft der Organisationsmitglieder fraglos gegeben ist. Kommunikation ist ein gestalterischer Prozess, bei dem die Organisationsmitglieder ihre eigenen Interessen verfolgen, wofür ihnen verschiedene Kommunikationsoptionen zur Verfügung stehen, die dem Organisationsziel auch zuwiderlaufen können[204]. Das bringt einen stetigen Kampf der Organisation um ihr Bestehen mit sich. Die persönlichen Interessen der Organisationsmitglieder können möglicherweise nicht miteinander oder mit den durch die Organisationsführung für die Organisation und ihre Mitglieder formulierten Organisationszielen in Einklang gebracht werden, weshalb mannigfaltige Konflikte entstehen können. Diese Konflikte gilt es zumindest so weit zu lösen, dass der Bestand der Organisation gesichert ist.

---

[200] Vgl. Schall (1983), S. 560.
[201] Vgl. Herrmann (1994), S. 157.
[202] Neuberger (1997), S. 495.
[203] Vgl. Friedberg (1992), S. 39.
[204] Vgl. Funke-Welti (2000), S. 59.

Dieser Problematik widmet sich die vorliegende Studie: Wie ist es möglich, die verschiedenen Organisationsmitglieder trotz ihrer unterschiedlichsten Interessen, Motive und Ziele dazu zu bewegen, sich im Sinne der Organisation bzw. der Organisationsziele zu verhalten und somit durch ihr Handeln den Bestand der Organisation zu sichern? Oder anders: Wie gelingt eine Bindung der Motive der Organisationsmitglieder an die Handlungsprogramme der Organisation? Zunächst sollen nun jedoch weitere Merkmale der Struktur von Organisationen herausgearbeitet werden, um die Komplexität von Organisationen weiter zu verdeutlichen. Diese Ausführungen sollen aufzeigen, dass eine Organisation sowohl Ergebnis der in ihr ablaufenden Handlungen ist, durch die Organisationsmitglieder erzeugt wird, als auch denselben als ein relativ statisches Konstrukt gegenübertritt.

3 Struktur der Organisation

Ein wesentliches Merkmal von Organisationen ist, wie bereits erwähnt, ihre Strukturiertheit. Organisationen können nur dann bestehen und sich entwickeln, „wenn sie sich auf eine menschliche Strukturierung der ihnen zugrundeliegenden Handlungsfelder stützen können (...) durch die [die, S.D.] nötige zwischenmenschliche Zusammenarbeit sichergestellt werden [kann, S.D.]“[205]. Strukturen dienen der Komplexitätsreduktion innerhalb der Organisation und stellen Handlungserleichterungen für die Organisationsmitglieder dar, da sie Handlungserwartungen formulieren. Dies gilt sowohl für formale als auch informale Strukturen. Gerade in sozialen Gebilden, in denen verschiedene Individuen mit ihren je persönlichen Interessen aufeinander treffen, ist es wichtig, dass generelle Handlungserwartungen bestehen, an denen sich die Mitglieder orientieren können. Auf diese Weise wirken Strukturierungen „glättend“. Mit Friedberg können grundsätzlich zwei Merkmale der Strukturierung der Handlungsfelder angeführt werden: Zum einen ist Strukturierung stets kontingent. Sie ist die je spezifische Lösung relativ autonomer Akteure, die diese mit ihren Ressourcen und Fähigkeiten gefunden haben, um ihre notwendige Zusammenarbeit trotz ihrer widersprüchlichen Interessen und Ziele sicherzustellen[206], wäre jedoch stets auch anders möglich. Zum anderen ist Strukturierung stets politisch:

> „Die von ihr induzierte Ordnung beruht auf einer Reihe von Macht- und Abhängigkeitsbeziehungen, durch die die Verhaltensweisen der einzelnen Akteure stabilisiert und miteinander verbunden und durch die Verhaltenszusammenhänge verdichtet und kondensiert werden.“[207]

Die für Organisationen festgestellte Doppelbegrifflichkeit – zum einen als Prozess des Organisierens und zum anderen als dessen Resultat im Sinne eines Systems organisierten Handelns – lässt sich nun am Begriff der Organisationsstruktur weiter verdeutlichen. Die Organisationsmitglieder bringen kommunikativ handelnd eben die Strukturen als Ergebnis hervor, die ihr weiteres Handeln ermöglichen und beeinflussen.

> „Strukturen sind Medium und Resultat des Handelns. Sie sind selbst in Organisationen zunächst nur ‚mitlaufendes‘ Resultat – im Sinne einer nicht-intendierten und reflektierten Nebenfolge des Handelns.“[208]

---

[205] Friedberg (1992), S. 39.
[206] Vgl. Friedberg (1995), S. 12.
[207] Friedberg (1992), S. 39f.
[208] Ortmann et al. (1997b), S. 315.

Das bedeutet, aus reflexiver Strukturation wird Organisation, die ihre Zuspitzung in der formalen Organisation findet. Deren formalen Verfassungen und Verfahren kommt bei der Handlungskoordination der Organisationsmitglieder eine große Bedeutung zu.[209] Es wird demnach ein dualistisches Verhältnis zwischen Handeln und Struktur angenommen. Organisationen als Systeme primär kommunikativ organisierten Handelns reproduzieren sich also über das mehr oder weniger zweck- und zielgerichtete Handeln ihrer Mitglieder. Diese beziehen sich in ihren Interaktionen auf Strukturen, Regeln und Ressourcen sowie andere strukturelle Merkmale ihres Handlungsfeldes. Diese Eigenschaften werden durch eben dieses strukturierte Handeln der Organisationsmitglieder der Organisation hinzugefügt. Indem die Akteure darauf zurückgreifen, reproduzieren sie die Strukturen und strukturellen Eigenschaften der Organisation selbst.[210]

3.1 Giddens „Theorie der Strukturierung"

Dieses Verständnis von Strukturation und Organisation geht zurück auf Anthony Giddens und seine „Theorie der Strukturierung"[211]. Er ist im weitesten Sinn als Vertreter der interpretativen bzw. konstruktivistischen Organisationstheorie anzusehen, weshalb das Kapitel über diese Theorierichtung als Grundlage der folgenden Ausführungen betrachtet werden muss.[212] Giddens möchte mit dieser Theorie Mikro- und Makroebene miteinander verknüpfen. Als Mikroebene sind das individuell motivierte Handeln der einzelnen Organisationsmitglieder und deren je spezifische Interessen anzusehen, als Makroebene hingegen die sich daraus bildenden Strukturen und organisationalen Handlungsprogramme. Für Giddens stehen sich Handlung und Struktur nicht konkurrierend gegenüber, sondern gehen vielmehr wechselseitig auseinander hervor und beeinflussen sich gegenseitig.[213] Dadurch, dass Struktur aus dem Handeln der Organisationsmitglieder entsteht und gleichfalls auf sie zurückwirkt, lassen sich Mikro- und Makroebene verbinden.

---

[209] Vgl. Ortmann et al. (1997b), S. 315. Zur Bedeutung von Verfahren vgl. außerdem Luhmann (1969).
[210] Vgl. Ortmann et al. (1997b), S. 317.
[211] Vgl. zur Theorie der Strukturierung generell Giddens (1992).
[212] Vgl. Kap. 2.1.2.4.
[213] Vgl. Walgenbach (2001), S. 358.

3.1.1 Grundzüge der „Theorie der Strukturierung“

Giddens beginnt mit der Analyse des Handelns. Menschliches Agieren ist für ihn stets praktisches Hervorbringen und weder allein durch die individuellen Motive des Akteurs noch durch strukturelle Zwänge erklärbar. Es ist rekursiv und bringt sich durch Wiederholung, Reproduktion und Routine selbst hervor. Eben diese rekursive Ordnung praktischen sozialen Handelns begründet Kontinuität und setzt Reflexivität voraus.[214] Reflexivität meint, dass sich die Akteure in ihrem Handeln stets auf ihr eigenes, vergangenes, aktuelles und zukünftig zu erwartendes Verhalten, sowie auf das anderer als auch auf die Strukturen des Handlungsfeldes beziehen. Sie kontrollieren dabei routinemäßig die sozialen Aspekte des Handlungsfeldes, in dem sie sich bewegen und entwickeln ein – wenn auch oft nur „dunkles“ – Verständnis für die Gründe ihres Handelns. Diese reflexive Steuerung des Handelns ist ein generelles Kennzeichen des Alltagshandelns. Akteure sind in der Lage, ihr Handeln im Hinblick auf ihre Intentionen bzw. darauf, was sie bezwecken, zu steuern[215] und rational zu erklären[216]. Gilt diese Reflexivität der Gestaltung, soll von Organisieren gesprochen werden. Von Organisationen im Sinne organisierter sozialer Systeme hingegen erst dann, wenn formale Verfasstheit und Regelungen hinzukommen.[217] Dadurch, dass soziales Handeln reflexiv ist, lässt es sich nur in jeweils dem Raum-Zeit-Kontext verstehen, in dem es sich vollzieht.[218]

Für Giddens ist Handeln ein kontinuierlicher Fluss des Verhaltens und Denkens und nicht etwa eine Kombination einzelner Akte.[219] Im Handeln wird das allen gemeinsame Wissen reaktiviert. Darunter fasst er sowohl diskursives als auch praktisches Wissen. Die Mehrzahl des gemeinsamen Wissens ist praktisch und gründet entsprechend im Vermögen der Akteure, sich innerhalb der Routinen ihres Handlungsfeldes zurechtzufinden.[220]

> „Vieles ist ihnen verschlossen, in vielerlei Hinsicht agieren sie als kompetente Akteure auf der Basis lediglich ‚praktischen‘ impliziten Wissens.“[221]

---

[214] Vgl. Mikl-Horke (1994), S. 320f.
[215] Vgl. Walgenbach (2001), S. 359.
[216] Vgl. Giddens (1992), S. 55f.
[217] Vgl. Ortmann et al. (1997b), S. 317f.
[218] Vgl. Mikl-Horke (1994), S. 320f.
[219] Vgl. Mikl-Horke (1994), S. 321; Walgenbach (2001), S. 359.
[220] Vgl. ähnlich Giddens (1992), S. 57.
[221] Ortmann et al. (1997b), S. 318.

Akteure kontrollieren die Prozesse sozialer Reproduktion entsprechend niemals zur Gänze, da sie häufig nicht intentional handeln sondern eben aufgrund ihres praktischen Wissens in Form von Routinen. Für Giddens stellen demnach unbeabsichtigte Handlungsfolgen ein regelmäßiges Nebenprodukt des Handelns dar.[222] Die Ergebnisse organisationalen Handelns fallen häufig anders aus, als im Vorfeld von den Akteuren angedacht war. Diese nicht-intendierten Handlungsfolgen können zum Teil unbewusst und unbemerkt bleiben. Sie wirken aber trotzdem in Form von nicht-bewusster Beeinflussung auf die Handlungen der Individuen in Form von unerkannten Bedingungen weiteren Handelns zurück. Entsprechend sind auch unbewusste Handlungsfolgen und nicht-eingestandene Handlungsbedingungen als Struktur zu verstehen.[223]

Eine für Giddens grundlegende Voraussetzung für Handeln ist Macht. Macht meint für ihn die Fähigkeit „anders handeln zu können", in die Welt eingreifen und auf diese Weise etwas in der vom Akteur gewünschten Weise beeinflussen zu können.[224] Das bedeutet, Handeln schließt Macht im Sinne eines Tuns zur Herbeiführung einer Veränderung zwangsläufig ein. Für ihn ist Macht nicht wesensmäßig mit der Erreichung bestimmter Interessen verbunden, sondern vielmehr typisch für jegliches Handeln.[225] Macht selbst ist dabei nicht als Ressource des Handelns anzusehen. Ressourcen sind vielmehr die Strukturmomente, auf die sich die Akteure in ihren Handlungen beziehen und so reproduzieren. Sie sind Medien, „durch die Macht als ein Routineelement der Realisierung von Verhalten in der gesellschaftlichen Reproduktion ausgeübt wird"[226].

Macht setzt geregelte Beziehungen von Autonomie und Abhängigkeit voraus. Aber auch in diesen Abhängigkeitsbeziehungen werden Ressourcen bereitgestellt, mit denen die Machtabhängigen die Aktivitäten der ihnen Überlegenen beeinflussen können. Übertragen auf Organisationen bedeutet das, dass allen Organisationsmitgliedern Macht zukommt und sie über Freiheiten verfügen. Giddens bezeichnet dieses Phänomen als „Dialektik der Herrschaft"[227]. Herrschaft wird innerhalb der Organisation in Form von festgelegten Über- und Unterordnungsstrukturen ausgeübt, wobei auch die

---

[222] Vgl. Giddens (1992), S. 65.
[223] Vgl. Walgenbach (2001), S. 360.
[224] Vgl. Giddens (1992), S. 66.
[225] Dieser Machtbegriff lässt sich verbinden mit dem von Crozier/Friedberg (1993) und genereller dem der mikropolitischen Ansätze. Vgl. hierzu die Ausführungen in Kap. 3.2.1.
[226] Giddens (1992), S. 67.
[227] Giddens (1992), S. 67.

Organisationsmitglieder stets dazu in der Lage sind, das Tun ihrer Vorgesetzten zu beeinflussen und somit Macht anzuwenden. Gerade aufgrund von nicht-intendierten Handlungsfolgen und die durch sie auf das Handeln zurückwirkenden unerkannten Handlungsbedingungen, ist es nicht möglich, „die menschliche ‚Geschichte' (...) unter bewusste Führung zu bringen"[228]. Mit Mikl-Horke lässt sich also sagen:

> „Macht ist eine transformative Fähigkeit, die mit dem Handeln verbunden ist und individuelle Intentionen und strukturelle Relationen von Autonomie und Abhängigkeit verknüpft zu einer ‚dialectic of control'."[229]

Grundlegend für Giddens Theorie ist der Gedanke der Dualität von Handlung und Struktur. Struktur und Handeln sind für ihn keine sich ausschließenden Elemente, sondern vielmehr zwei Dimensionen derselben Sache. Strukturen sind die rekursiven Regeln und Ressourcen, die in ihrer über Zeit und Raum ausgedehnten praktischen Anwendung zu Institutionen werden. Wurden sie zu Institutionen, spricht Giddens nicht mehr von Struktur sondern von *Strukturmomenten* bzw. -dimensionen. Regeln werden dabei verstanden als Techniken oder verallgemeinerbare Verfahren, die in der Ausführung und Reproduktion sozialer Praktiken angewendet werden. Sie beziehen sich einerseits auf die Herstellung von Sinn (Regeln der Sinnkonstitution) und begründen somit eine kognitive Ordnung des Systems – hier der Organisation. Darunter werden Aspekte gefasst, die mit der Interpretation von Handlungen zusammenhängen. In Organisationen bezieht sich das bspw. auf Interpretationsschemata, Symbole und Mythen. Andererseits begründen Regeln die normative Ordnung einer Organisation und betreffen entsprechend Rechte und Verpflichtungen. Dabei werden Regeln nicht als formalisierte Vorschriften gedacht, sondern vielmehr als lose gekoppelte Regelkomplexe. Formalisierte Regeln, wie sie in Organisationen vorhanden sind, bezeichnet Giddens als kodifizierte Interpretationen von Regeln,[230] wobei Regeln der Legitimation grundsätzlich daran geknüpft sind, dass von ihnen abweichendes Handeln sanktionierbar ist.[231]

Generell können Regeln nicht ohne Bezug auf Ressourcen konzeptualisiert werden. Diese Ressourcen beziehen sich darauf, *wie* Regeln auf die Produktion und Repro-

---

[228] Walgenbach (2001), S. 360.
[229] Mikl-Horke (1994), S. 321.
[230] Hier lässt sich jedoch mit Verweis auf die interpretative Organisationstheorie sagen, dass alles der Interpretation bedarf und erst damit seinen Sinn erhält. Erst durch die Interpretation einer Regel findet sie tatsächlich Anwendung.
[231] Vgl. Ortmann et al. (1997b), S. 320f; Walgenbach (2001), S. 361.

duktion sozialer Praktiken wirken und sind somit als Grundlage von Herrschaft anzusehen. Bezüglich der Ressourcen trennt Giddens in allokative und autoritative. Allokative Ressourcen ermöglichen es den Akteuren, Kontrolle über materielle Aspekte sozialer Situationen auszuüben. Als Beispiele bezogen auf die Organisation lassen sich hier die Verfügung über Produktionsfaktoren, produzierte Güter und Geld aufführen. Autoritative Ressourcen hingegen erlauben die Ausübung von Macht durch bspw. die Festlegung von Arbeitsabläufen.[232] Die Strukturmomente der Organisation stehen dem Handeln also nicht extern entgegen, sondern sind in den Akteuren selbst angelegt. Durch Strukturen werden Handlungen auf der einen Seite zwar beschränkt, auf der anderen Seite jedoch erst ermöglicht. Dadurch, dass Handlungen vollzogen werden, reproduziert sich die organisationale Struktur und kann sich entsprechend auch verändern. Das erklärt z.B. auch den Wandel von Organisationen. Struktur ist entsprechend gleichzeitig Ergebnis und Mittel der Praxis.[233]

> „Struktur ist (mitlaufendes) Resultat des Handelns und geht in weiteres Handeln als sein ‚Medium' ein. Strukturen ermöglichen den reflexiv handelnden Akteuren daher, in Interaktionssequenzen kompetent zu handeln, und schränken die Handlungsmöglichkeiten gleichzeitig ein."[234]

Untersucht man also die Strukturierung von Organisationen, betrachtet man, wie diese in Interaktionszusammenhängen produziert und reproduziert wird. Der Kommunikation kommt in Organisationen dabei eine wichtige Rolle zu. In Interaktionen wird – vermittelt über Kommunikation – die Struktur der Organisation ausgebildet bzw. verändert. Die Strukturmomente spiegeln sich somit in den Kommunikationen der Organisationsmitglieder wieder und werden so reproduziert.[235] Organisationen gründen in den bewusst vollzogenen, individuell motivierten Handlungen der Organisationsmitglieder, die sich auf Regeln und Ressourcen beziehen. Entsprechend der Annahme der Dualität von Struktur und Handlung sind Strukturmomente, die in Organisationen wirken, sowohl Medium als auch Resultat der Praktiken, die sie rekursiv organisie-

---

[232] Vgl. Ortmann et al. (1997b), S. 321. Zu den autoritativen Ressourcen vgl. außerdem den Autoritätsbegriff von Popitz (1992), S. 104-159. Hahne legt einen weiter gefassten Ressourcenbegriff als Giddens zugrunde. Er trennt in Sachkapital (allokative Ressourcen), Humankapital (autoritative Ressourcen) und Sozialkapital. Mit Sozialkapital bezeichnet er das in soziale Beziehungsnetze investierte Vertrauen. Dieses Vertrauen der Organisationsmitglieder in zu erwartende Aktionen und Reaktionen anderer muss seiner Ansicht nach in die Analyse organisationaler Strukturen einbezogen werden. Vgl. hierzu Hahne (1997), S. 176. Auf die Bedeutung von Vertrauen für die Organisation und vor allem die Erzeugung von Motivation und Folgebereitschaft wird im weiteren Verlauf der Arbeit noch eingegangen. Vgl. Kap. 4.2.5.

[233] Vgl. Mikl-Horke (1994), S. 322.

[234] Ortmann et al. (1997b), S. 318f.

ren.[236] Sie finden ihr Pendant jeweils auf der Interaktionsebene. Hier wird die Vermittlung von Mikro- und Makroebene deutlich.

> „In den Prozessen der Strukturierung sozialer Systeme vermitteln Regeln und Ressourcen zwischen Interaktionsebene [Mikroebene, S.D.] und Strukturebene [Makroebene, S.D.] insofern, als sie einerseits Interaktionen zwischen Akteuren erst ermöglichen bzw. organisieren und andererseits jedoch auch die Reproduktionsmodi der strukturellen Komponenten sozialer Systeme darstellen."[237]

3.1.2 Dimensionen der Dualität von Handlung und Struktur

Strukturen als die in einem sozialen System wie der Organisation vorhandenen Regeln und Ressourcen stabilisieren die interaktiven Beziehungen ihrer Mitglieder über Raum und Zeit und stellen sie somit auf Dauer. Sie sind der Grund, dass soziale Praktiken über längere Zeit hinweg als identische reproduziert und Organisationen somit erhalten werden können. Innerhalb der Ebene der Struktur (Makroebene) unterscheidet Giddens drei spezifische Strukturmomente bzw. Dimensionen der Struktur[238]: Signifikation mit den Regeln der Sinnkonstitution, Legitimation mit ihren normativen Regeln sowie Herrschaft aufgrund allokativer und autoritativer Ressourcen. Diese Strukturmomente oder -dimensionen der institutionellen Ordnung sind allerdings nur analytisch trennbar. Sie sind untereinander untrennbar miteinander verwoben.[239] Bedeutungsstrukturen können nicht unabhängig von Herrschaft und Legitimationsstrukturen gedacht werden, Herrschaft hat Einfluss auf Signifikation sowie Legitimation und auch Legitimation kommt nicht ohne Bedeutungszuschreibungen und Herrschaft aus.

Die Strukturmomente wirken in den Interaktionsprozessen (Mikroebene) über die Vermittlung von Strukturmodalitäten. Darunter sind Deutungsschemata, Normen und andere Machtmittel (Faszilitäten) zu verstehen, welche als Repräsentationen der Strukturelemente auf der Mikroebene interpretiert werden können.[240] Akteure verwenden die Modalitäten der Strukturierung bei der Reproduktion sozialer Systemen und rekonstruieren gleichzeitig deren strukturelle Merkmale. Die Interaktionsebene

---

[235] Vgl. hierzu die Ausführungen in Kap. 2.2.2.
[236] Vgl. Giddens (1992), S. 77.
[237] Hahne (1997), S. 177f.
[238] Zur Erinnerung: Strukturmomente sind die institutionalisierten Aspekte sozialer Systeme, die sich über Raum und Zeit erstrecken. Vgl. Kap. 3.1.1.
[239] Vgl. Giddens (1992), S. 86; Mikl-Horke (1994), S. 322; Walgenbach (2001), S. 362.
[240] Vgl. Giddens (1992), S. 81ff; Hahne (1997), S. 177ff; Walgenbach (2001), S. 363.

beinhaltet gleichfalls die drei genannten Strukturdimensionen: Sie ist versuchte Kommunikation von Sinn und Bedeutung, eingebettet in eine normative Ordnung, die ihre Konkretisierung in Sanktionen erfährt und impliziert stets die Ausübung von Macht.[241] Kommunikatives Handeln rekurriert stets auf Interpretations- und Deutungsschemata, mit deren Hilfe die Akteure verstehen können, was andere sagen und tun. In ihrer Anwendung rekonstruieren sie die bestehenden Bedeutungsmuster.[242] Legitimation als anerkannte normative Ordnung ist gebunden an Normen und Regeln, deren Einhaltung auf der Mikroebene durch Sanktionen kontrolliert werden kann und die wiederum auf die Legitimation zurückwirken und diese sichern.[243] Herrschaft als Strukturdimension ist gebunden an die im System zur Verfügung stehenden Ressourcen und findet durch die verschiedensten Machtmittel ihre Auswirkung auf der Ebene der Interaktion in der Ausübung von Macht. Durch Ressourcen können Akteure in Interaktionen bestimmte von ihnen angestrebte Ergebnisse erzielen, da sie so in der Lage sind, das Verhalten anderer zu beeinflussen. Die Ressourcen stammen ihrerseits aus der bestehenden Herrschaftsordnung und rekonstruieren diese durch ihre Anwendung.[244]

Dieser Machtbegriff kann verkürzt erscheinen. Macht wird nicht nur durch den Gebrauch von Ressourcen ausgeübt, sondern zu einem großen Teil auch durch den Gebrauch von Deutungsmustern und Normen – sprich über Regeln der Sinnkonstiution und der Legitimation.[245] Da Giddens jedoch stets ausdrücklich betont, dass die Strukturdimensionen untrennbar miteinander verwoben sind, denkt er die Bedeutung von Deutungsmustern und Normen bei seinem Macht- und Herrschaftsbegriff stets mit. Auch die Elemente der Mikroebene dürfen nicht losgelöst voneinander verstanden werden. Kommunikation, Macht und Sanktion sind genauso untrennbar miteinander verbunden und Element jeder Interaktion, wie Signifikation, Herrschaft und Legitimation dies auf der Makroebene sind. Kommunikatives Handeln kann entsprechend gleichfalls Macht- und somit Herrschaftsmittel sein, als auch notwendig, um Legitimation zu erreichen.

241 Vgl. Hahne (1997), S. 178.

242 Zur interpretativen Organisationstheorie und der Frage, wie Bedeutungen erzeugt werden und welche Rolle sie und die Interpretationen derselben für die Organisation spielen vgl. Kap. 2.1.2.4.

243 Vgl. Hahne (1997), S. 181. Zur Wirkungsweise und Bedeutung von Normen in der Organisation vgl. außerdem Kap. 3.2.1.

244 Vgl. ähnlich Mikl-Horke (1994), S. 322; Hahne (1997), S. 180f.

245 Vgl. Ortmann et al. (1997a), S. 24ff.

„Die Regeln (und Ressourcen), die in die Produktion und Reprodukion sozialen Handelns einbezogen sind, stellen die Mittel der Systemreproduktion dar, aber erst in der Interaktion gewinnen die sozialen Strukturen ihre ‚Wirklichkeit'. Dies äußert sich in der Weise, dass soziale Akteure in ihren Interaktionsprozessen (...), in denen Kommunikation, Ausübung von Macht und Bewertung von Verhalten (Sanktion) fest miteinander verwoben sind, Deutungsschemata, Normen und andere Mittel (Fazilitäten) mobilisieren (...)."[246]

In der untenstehenden Abbildung sind die Zusammenhänge nochmals verdeutlicht.

Abbildung 1: Dimensionen der Dualität von Handlung und Struktur

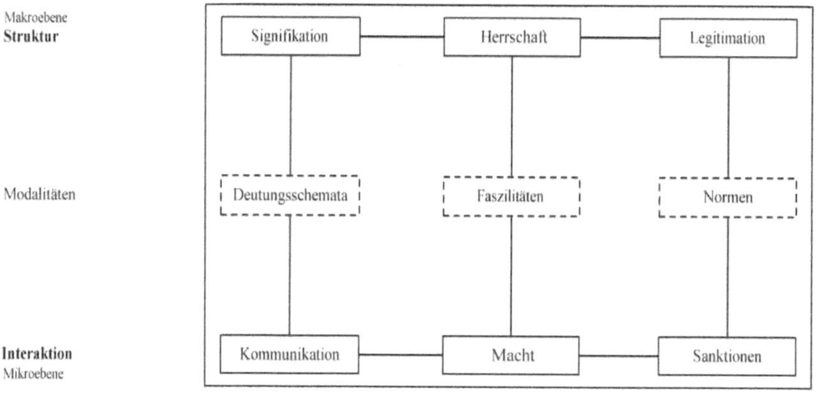

Makroebene
Struktur
Signifikation — Herrschaft — Legitimation

Modalitäten
Deutungsschemata — Faszilitäten — Normen

Interaktion
Mikroebene
Kommunikation — Macht — Sanktionen

Quelle: Giddens (1992), S. 81.

3.2 Die Strukturmomente in der Organisation

Das doppelseitige Verständnis von Organisationen einerseits als Systeme, die aus den sozialen Handlungen, Interaktionen und kommunikativen Handlungen ihrer Mitglieder gebildet werden und andererseits als Prozess der Hervorbringung einer Ordnung lässt sich also mit Giddens verdeutlichen: Bestimmt man Organisation als reflexive Strukturation wird dem „Doppelsinn des rekursiven Erzeugens (‚Organisieren') eines Erzeugnisses (‚Organisiertheit', Organisation als soziales System)"[247] Rechnung getragen.

246 Walgenbach (2001), S. 363.
247 Ortmann et al. (1997b), S. 322.

„Organisationen, verstanden als Systeme organisierten Handelns, reproduzieren sich in einer solchen Sicht also über das – mehr oder minder zweckgerichtete – Handeln kompetenter Akteure."[248]

Die Organisationsmitglieder beziehen sich in ihren Interaktionen auf Sets von Regeln, Ressourcen und andere strukturelle Merkmale wie bspw. starre Abteilungsgrenzen, strikte Arbeitsteilung und asymmetrische Einkommensverteilungen. Indem die Akteure darauf zurückgreifen, reproduzieren sie eben diese Organisationsstrukturen und ihre Eigenschaften.[249] Jedes Handeln in Organisationen spielt sich so in allen Dimensionen des Sozialen gleichzeitig ab und ist sowohl individuelles als auch soziales Handeln.

Strukturen dürfen in Organisationen jedoch nicht mit Zwang gleichgesetzt werden. Sie besitzen zwar eine gewisse Objektivität, jedoch ist ihre zwingende Wirkung von den individuellen Motiven der Organisationsmitglieder nicht unabhängig denkbar.[250] Für die Betrachtung von Organisationen ist es allerdings zweckmäßig, den Strukturbegriff von Giddens etwas zu erweitern. Giddens definiert Strukturen als Sets von Regeln und Ressourcen, die sich in Handlungen manifestieren. Mit Marwehe sind jedoch Strukturen „nicht mit Handlung gleichzusetzen, sondern haben auch eine emergente Existenz"[251].

„Die in formalen und informalen Regeln sowie in der Verteilung von Ressourcen sich abzeichnende Struktur ist objektiv erhebbar."[252]

Die Struktur wird zwar interindividuell unterschiedlich wahrgenommen, entsprechend im Handlungsentwurf des einzelnen Organisationsmitgliedes berücksichtigt und ist motivational unterfüttert, jedoch ist Struktur(re)produktion nur als *kollektive* Handlungsfolge denkbar.[253]
Es wurde bereits festgehalten, dass soziale Systeme erst dann als Organisationen zu bezeichnen sind, wenn zu der Reflexivität der Gestaltung von Seiten der Organisationsmitglieder formale Verfasstheit und Regelhaftigkeit hinzukommen. Das bedeutet,

---

[248] Ortmann et al. (1997b), S. 317.
[249] Vgl. Ortmann et al. (1997b), S. 317.
[250] Vgl. Giddens (1992), S. 231ff.
[251] Marwehe (1996), S. 80. Eine ausführliche und detaillierte Kritik der Giddens'schen Annahmen bzgl. der Dualität von Handlung und Struktur liefert Margaret Archer (1995), S. 93-105.
[252] Marwehe (1996), S. 80.
[253] Dieser Zusammenhang lässt sich verbinden mit den Ausführungen, dass Handeln in einer Organisation stets Handeln im Verbund ist. Vgl. hierfür die Ausführungen in Kap. 2.1.2.3.

formale Regelungen sind ein entscheidendes Definitionsmerkmal von Organisationen. Es wird somit versucht, Strukturen formal festzuschreiben.

> „Die in der Formalstruktur angegebenen Verpflichtungen, Erwartungen, Rechte und Ressourcen beziehen sich (...) weder auf konkrete Inhalte und Situationen, (...) noch auf konkrete Personen, sondern auf Positionen (‚Stellen'), Abteilungen, Fachbereiche etc., schließlich auf die Körperschaft selbst (...) und begründen in diesem Sinne formale Beziehungen zwischen Positionen/Organisationseinheiten/Organisationen, nicht aber konkrete Beziehungen zwischen Personen."[254]

Auch wenn sie entsprechend die Beziehungen der Organisationsmitglieder nicht begründen, sollen formale Regeln formalisierend auf diese wirken. Die Strukturmomente sind jedoch auch in der informalen Organisation vorhanden. Auch hier wirken sowohl Macht sowie Sanktion und Kommunikation strukturierend auf die Organisationsmitglieder: Spezifische informale Normen erzeugen Legitimation und wirken handlungsleitend, es werden bestimmte Deutungsmuster der informalen Organisation angewandt, die durch Kommunikation erzeugt werden, und es bestehen informale Herrschaftsstrukturen, die durch Machthandeln aufgrund persönlicher Ressourcen umgesetzt, produziert und reproduziert werden.

3.2.1 Zur Wirkung des Strukturmomentes Herrschaft in der Organisation

In Organisationen besteht stets ein soziales Verhältnis der Über- und Unterordnung. Anstelle von Herrschaft fällt in diesem Zusammenhang häufiger der Begriff „Führung". Führung kann dabei verstanden werden als „eine Instanz, die Leitungsaufgaben wahrnimmt"[255] und entsprechend den anderen Organisationsmitgliedern übergeordnet ist. Sie ist in der Regel in der Lage, Ziele *für* die Organisation zu definieren und kann zudem verhaltens- und einstellungsbeeinflussend auf die Organisationsmitglieder wirken. Neben dieser institutionalen Sichtweise der Führung lässt sich Führung generell verstehen als „Beeinflussung der Einstellungen und des Verhaltens von Einzelpersonen sowie der Interaktion in und zwischen Gruppen, mit dem Zweck, bestimmte Ziele zu erreichen"[256]. Organisationsführung wird dabei als Folge von Vorgängen aufgefasst, die sich zwischen den Organisationsmitgliedern durch deren sozi-

---

[254] Ortmann et al. (1997b), S. 319.

[255] Kesten (1998), S. 64. Dabei werden die hauptamtlichen Vertreter der Organisation als Träger der Organisationsentscheidungen angesehen und damit als Institution aufgefasst. Vgl. ähnlich Macharzina (1999), S. 31f.

[256] Staehle (1994), S. 87.

ales Handeln ergeben.[257] Führung als Vorgang der Verhaltens- und Einstellungsbeeinflussung findet dementsprechend nicht nur von Seiten der Organisationsleitung statt, sondern auch in den Interaktionen und kommunikativen Handlungen der Organisationsmitglieder. Diese informale Führung kann rückwirkend auch die Organisationsleitung beeinflussen.

Führungstätigkeiten sind nun stets kommunikative Prozesse. Neuberger betrachtet Kommunikation dabei als Instrument der Führung. Vermittelt durch Kommunikation erfolgen zielgerichtete Verhaltensbeeinflussungen, die jedoch nicht durch Kommunikationen an sich konstituiert sind, sondern vielmehr durch die ihnen zugrunde liegenden organisatorischen Machtstrukturen. Führung ist also eine Interaktionsbeziehung, die wesentlich durch kommunikative Strukturen bestimmt wird bzw. mit Hilfe spezifischer kommunikativer Mittel stattfindet.[258] Als Basis der Führung in Organisationen ist somit *Macht* anzusehen.

> „Die Macht eines Akteurs ist sein Vermögen, im Rahmen konkreter Machtbeziehungen eine von ihm gewünschte Verhaltensbereitschaft anderer Akteure herzustellen und aufrechtzuerhalten."[259]

Machtausübung ist entsprechend der Versuch, innerhalb dieser Machtbeziehung das Verhalten der anderen Organisationsmitglieder in das von ihm gewünschte Verhalten zu überführen.[260] Ein Mittel, dies zu erreichen ist die Kommunikation. Rhetorische Fähigkeiten, Insiderwissen, etc. können als kommunikative Ressourcen angesehen werden, die machtausübend eingesetzt werden können.

Küpper nennt Macht die Dimension sozialer Beziehungen,

> „die – als gemeinsames Deutungsmuster der beteiligten Akteure – die interessenorientierten und gegenseitig aufeinander bezogenen Verhaltensbereitschaften konstituiert. Eine Machtbeziehung ist der Bedingungs- und Bedeutungsrahmen, der die Umsetzung von Verhaltensbereitschaften in konkretes Verhalten und Handeln, d.h. den konkreten sozialen Austausch im Sinne eines Austausches oder einer gegenseitigen Übertragung von Kontrolle über Ressourcen und Ereignisse verständlich bzw. verstehbar macht."[261]

Diese Ausführungen machen deutlich, dass in Organisationen nicht allein die Organisationsleitung über Macht verfügt. Vielmehr verfügen alle Organisationsmitglieder über je spezifische Machtressourcen. Jedes Handeln in Organisationen ist Machthan-

[257] Vgl. ähnlich Macharzina (1999), S. 32.
[258] Vgl. Hahne (1997), S. 113.
[259] Hahne (1997), S. 201.
[260] Vgl. Hahne (1997), S. 201.
[261] Küpper zit. nach Hahne (1997), S. 201.

deln und somit stets politisch.[262] Demnach ist auch kommunikatives Handeln als Machthandeln anzusehen. Organisationen sind von Politik durchwirkt, „ihre Entscheidungsprozesse sind politische Prozesse, ihre Akteure Mikropolitiker“[263]. Mikropolitik muss dabei verstanden werden als ein auf Macht basierender Aushandlungsprozess, wobei der einzelne stets versucht, seine Situation zu verbessern und seine Ziele zu erreichen. Trotz der primären Verfolgung persönlicher Interessen trägt Mikropolitik stets zum Erhalt einer Organisation bei, da eine Vorstrukturierung der Handlungsweisen vorgenommen wird. Die Organisationsmitglieder orientieren sich dementsprechend an den in der Organisation bestehenden Regeln und Strukturen und sichern so den Bestand der Organisation. Mikropolitik ist also strukturell bedingt und an Organisationsstrukturen gebunden.[264] Das Handeln der Organisationsmitglieder ist jedoch nicht von diesen determiniert. Sie eröffnen vielmehr einen Handlungsfreiraum bzw. Entscheidungskorridor, dessen Barrieren „(...) aus organisationalen, technologischen, ökonomischen, juristischen, informationellen und kulturellen Verstetigungen und Verfestigungen [bestehen, S.D.], die zu Strukturen geronnen sind, – zu Regeln und Ressourcen, die im Handeln produziert und reproduziert werden. Aber auch situative Handlungs- und Entscheidungsrestriktionen setzen Grenzen (...)“[265].

Als Machtgrundlagen sind die persönlichen Fähigkeiten und Ressourcen der Akteure anzusehen, mit denen sie in der Lage sind, Ungewissheitszonen der Organisation zu kontrollieren.[266] Jeder Akteur verfügt entsprechend über einen eigenen Freiraum – er ist nie völlig von den organisationalen Strukturen determiniert. Je größer der Freiraum und je relevanter die von ihm kontrollierten Ungewissheitszonen für die Organisation oder andere Organisationsmitglieder sind, über desto mehr Macht verfügt er. Die Organisationsstruktur mit ihren Regeln gibt jedoch die Bereiche vor, in welchen sich Machtbeziehungen entwickeln können. Mit Crozier/Friedberg lassen sich verschiedene Ungewissheitszonen und somit Machtquellen ausmachen. Eine sehr entscheidende liegt in der Beherrschung eines nur schwer ersetzbaren, für die Organisa-

---

[262] Vgl. Crozier/Friedberg (1993), S. 15.
[263] Küpper/Ortmann (1992), S. 9.
[264] Neben diesem soziologischen Verständnis von Mikropolitik gibt es psychologische Ansätze, die jedoch Mikropolitik als Ausdruck einer persönlichen Haltung oder eines Charakterzuges ansehen. Vgl. hierzu bspw. Bosetzky (1992). Diese Ansätze sind jedoch nicht in der Lage, strukturelle Zusammenhänge des mikropolitischen Verhaltens zu erklären, weshalb sie nicht weiter thematisiert werden.
[265] Ortmann et al. (1990), S. 66.
[266] Vgl. Crozier/Friedberg (1993), S. 49ff.

tion allerdings wichtigen Spezialwissens. Aufgrund dieser Qualifikation ist allein der Experte in der Lage, bestimmte organisatorische Probleme zu lösen. Durch seine besonderen Kenntnisse befindet er sich gegenüber den anderen Akteuren in einer guten Verhandlungsposition zur Erreichung seiner persönlichen Ziele. Eine weitere Machtquelle liegt in der Kontrolle relevanter Umweltnahtstellen. Jede Organisation ist abhängig von ihren Beziehungen zu den für sie relevanten Umweltsegmenten. Einerseits muss sie die für den Fortbestand des Systems notwendigen Ressourcen beschaffen, andererseits ist sie auf Beziehungen zu ihrer Umwelt angewiesen. Die „Vermittler“ zwischen sozialem System und den relevanten Umweltsegmenten gehören gleichzeitig mehreren Handlungssystemen an, wodurch sie über privilegierte Kontakte und Verbindungen verfügen. Sie sind in der Lage, innerhalb eines dieser Handlungssysteme Macht auszuüben, wenn die ihnen zugänglichen Informationen für das System von Nutzen sind. Als dritte Machtquelle muss man die Informations- und Kommunikationskontrolle anführen. Das ist ein innerorganisatorischer Machtfaktor, der dadurch entsteht, wie und in welchem Maße die Organisation Kommunikation zwischen ihren Mitgliedern ermöglicht. Durch Verfügung über bestimmte Informationen und autonome Entscheidungsfähigkeit, ob und wie man Nachrichten weitergibt, ist man in der Lage, Macht auszuüben. Somit sind auch Kommunikationen und Informationsflüsse Ungewissheitszonen, die ausgenutzt werden können und Macht in sich bergen.[267] Die letzte anzuführende große Machtquelle stellt schließlich die Benutzung der organisatorischen Regeln dar, aus denen sich das Machtgefüge ergibt. Diese Vorschriften sind ein Konstrukt, das man als „Antwort der Organisationsleitung auf das durch die drei anderen Machtquellen gestellte Problem“[268] verstehen kann. Sie sollen Ungewissheitszonen ausschalten, wodurch sie allerdings immer neue Freiräume schaffen, die sofort wieder von den Akteuren ausgenutzt werden.[269] Erst durch das Zusammenspiel von Macht und Freiheit sowie Strukturen und Regeln entsteht ein Handlungsspielraum für mikropolitisches Agieren in der Organisation.

Um ihren eigenen Freiraum zu vergrößern und strategische Unsicherheiten zu minimieren, versuchen die Organisationsmitglieder den Autonomieraum anderer durch die Anwendung von mikropolitischen Machtstrategien einzuschränken. Beispiele für derartige Strategien sind die Demonstration von Fachwissen und Überlegenheit, „Im-

[267] Vgl. Crozier/Friedberg (1993), S. 49ff.
[268] Crozier/Friedberg (1993), S. 53.
[269] Vgl. Crozier/Friedberg (1993), S. 53.

pression Management"[270] sowie das Bilden von Koalitionen, wobei jede Taktik mit spezifischen kommunikativen Handlungen verbunden ist.[271]

Zusammenfassend lässt sich zum Machtbegriff festhalten:

> „Macht ist eine ressourcenbasierte (I) mehrstufige Handlungsfertigkeit (II) zur Veränderung der Präferenz-, Kosten- und Nutzenstruktur anderer und Bündelung von Verhalten und Leistungen (III) mit dem Ziel des individuellen und kollektiven Ressourcengewinns (IV)."[272]

Machtbeziehungen setzen nun stets ein Minimum an Konsens voraus. Kontrolle als Integrationsmechanismus reicht nicht aus, um das Funktionieren einer Organisation zu erklären.

> „Ohne ein Minimum an Konsens kann weder das Management noch das Personal leben – noch die Produktion funktionieren: zu keiner Zeit."[273]

In einer Organisation können zwei Arten der Machtbeziehung unterschieden werden: Kooperations- und Konkurrenzbeziehungen. Bei Kooperationsbeziehungen gehen Akteure mit homogenen Interessen eine soziale Beziehung ein. Sie erreichen einen Konsens darüber, „daß die Kopplung ihrer Handlungspotenziale durch Zusammenarbeit zusätzliche Gewinne verspricht bzw. das gemeinsame Interesse fördert"[274]. Bei Interessenheterogenität muss hingegen von einer Konkurrenzbeziehung gesprochen werden. Die Akteure müssen sich zwar aufgrund ihrer konfliktären Interessen nicht notwendigerweise bekämpfen, jedoch kann der bestehende Interessenkonflikt nicht grundsätzlich gelöst werden. Von beiden Seiten wird permanent kontrolliert, ob die Bedingungen, über die der nötige Minimalkonsens geschlossen wurde, auch eingehalten werden.[275] In beiden Arten der Machtbeziehungen kommen zwei Typen der Verhaltensstrategien zur Anwendung. Die eine impliziert laufende Kontrolle des Gegenübers mit dem Ziel, festzustellen, ob entsprechend der getroffenen Aushandlungen gehandelt wird. Die andere lässt sich als demonstrative Selbstkontrolle bezeichnen. Dabei versucht ein Akteur dem anderen zu versichern, dass dessen Interessen verwirklicht werden. Beide Verhaltensstrategien zielen darauf ab, das für die Beziehung notwendige Vertrauen zu sichern.[276]

---

[270] Zum „Impression Management" vgl. Kap. 3.2.3.
[271] Vgl. Hahne (1997), S. 203.
[272] Hennen (2001), S. 150.
[273] Ortmann (1992), S. 15.
[274] Hahne (1997), S. 214.
[275] Vgl. Hahne (1997), S. 214f.
[276] Vgl. Hahne (1997), S. 215.

Durch die beständige Anwendung von Macht innerhalb von Organisationen bilden sich also mehr oder weniger feste Herrschaftsstrukturen aus. Sie werden durch ihre Anwendung von Seiten der Organisationsmitglieder produziert, reproduziert und auch verändert. Es gibt nun verschiedene Grundmuster der Herrschaftsausübung bzw. Führung in Organisationen. Sofsky/Paris nennen als solche die Autorität, die Stellvertretung und die Koalition. Autorität kommt in der Organisation als Amtsautorität, Sachautorität, Organisationsautorität, Funktionsautorität und/oder als persönliches Charisma zum tragen[277] und wirkt als soziale Kontrolle über Kommunikationen in der Interaktion der Organisationsmitglieder.[278] Das zweite Grundmuster organisationaler Herrschaftsausübung ist die Stellvertretung bzw. Repräsentation. Der Stellvertreter überbrückt dabei kommunikativ zwei Handlungszonen, wodurch er bspw. die Funktion eines Dolmetschers übernimmt.[279] Dadurch kontrolliert er die mit einer Umweltnahtstelle verbundene Unsicherheitszone. Als drittes Grundmuster lassen sich Koalitionen anführen. Koalitionen sind befristete Zusammenschlüsse bzw. spezifische Abreden über koordiniertes Handeln zwischen einzelnen Organisationsmitgliedern, um bestimmte Ziele zu verwirklichen.[280] Die Basis von Koalitionen sind stets Kommunikationen und ihre Konstruktion erfolgt über kommunikative Strukturen und den Aufbau von Vertrauen.[281]

Zusammenfassend lässt sich nun festhalten, dass es möglich ist, Machtphänomene mit dem in Organisationen ablaufenden kommunikativen Geschehen zu verbinden. Die organisationalen Kommunikationsprozesse sind stets durchwoben von mikropolitischen Strategien und damit verbundenen Machtüberlegungen.

---

[277] Popitz unterscheidet in seiner Typologie der Autorität in institutionelle und persönliche Autorität. Vgl. hierzu Popitz (1992), S. 118-120 und 134-139. In der Klassifikation von Sofsky/Paris werden jedoch die Machtgrundlagen, die die Autoritätsbeziehungen begründen, direkt deutlich, weshalb dieser Typisierung der Vorzug gegeben wurde.

[278] Vgl. Hillmann (1994), S. 66.

[279] Vgl. Hahne (1997), S. 208.

[280] Vgl. Hillmann (1994), S. 418.

[281] Vgl. Hahne (1997), S. 209f.

3.2.2 Zur Wirkung des Strukturmomentes Legitimation und normativen Regelungen in der Organisation

Auch normative Regelungen wirken, wie bereits dargestellt, strukturierend auf die Organisation und ihre Mitglieder ein. Sie sorgen für die Herstellung von Legitimation sowohl innerhalb der Organisation als auch nach außen. Entsprechend kommt den organisationalen Normen eine wichtige Aufgabe zu: Sie legitimieren die Organisation und das Handeln ihrer Organisationsmitglieder. Aufgrund der Möglichkeit, normabweichendes Verhalten zu sanktionieren, richten sich die Organisationsmitglieder an den in der Organisation bestehenden Normen aus und reproduzieren sie auf diese Weise immer wieder neu. Normen sind dabei zu verstehen als die Verhaltenserwartungen der jeweiligen sozialen Umwelt bzw. der Interaktionspartner an die von den Individuen bekleideten Positionen und Rollen.[282] Sie lassen sich auf allgemeine Werte zurückführen und können demnach „als situationsbezogene Spezifikationen der relativ wenigen allgemeinen soziokulturellen Werte aufgefasst (werden), die eine Legitimations- bzw. Rechtfertigungsfunktion haben“[283]. Bezogen auf die Organisation können Normen dann definiert werden, als die vorhandenen, von den Organisationsmitgliedern prinzipiell geteilten Verhaltenserwartungen, die an die in der Organisation existenten Positionen und Rollen geknüpft sind. Das impliziert, dass sie in Rollenerwartungen zum Ausdruck kommen. Mit Rolle wird in diesem Zusammenhang „die Summe der Erwartungen und Ansprüche von Handlungspartnern, einer Gruppe, umfassenderer sozialer Beziehungsbereiche oder der gesamten Gesellschaft an das Verhalten und das äußere Erscheinungsbild des Inhabers einer sozialen Position bezeichnet“[284].

---

[282] vgl. Hillmann (1994), S. 615.

[283] Hillmann (1994), S. 616. Dabei ist zu beachten, dass eine konkrete Norm durch mehrere allgemeine Werte gerechtfertigt werden kann. Auf das Verhältnis von Normen, Werten und Einstellung soll an dieser Stelle nicht weiter eingegangen werden. Wichtig ist lediglich festzuhalten, dass Normen Ableitungen aus allgemeinen Werten darstellen und somit stets ein Zusammenhang zwischen Organisation und Gesellschaft vorhanden ist. Die grundlegenden allgemeinen Werte einer Gesellschaft finden so Eingang in die Normen einer konkreten Organisation. Zum Verhältnis von Normen, Werten und Einstellungen vgl. Hiller (1982); Siebel (1982); Metz-Göckel (1996).

[284] Vgl. Hillmann (1994), S. 742. Rollen werden in einem Prozess der Sozialisation erlernt bzw. internalisiert. Durch diese persönlichkeitsstrukturierende Verankerung von Rollen wird eine weitgehende Vorhersagbarkeit und Regelmäßigkeit des sozialen Handelns aller am gesellschaftlichen Leben Beteiligter erreicht. Dadurch wird der einzelne Akteur dergestalt entlastet, dass Entscheidungen und das Verhalten anderer für ihn erwartbar und berechenbar werden. Vgl. hierzu vor allem den symbolischen Interaktionismus und Meads Darstellung des Sozialisationsprozesses. Vgl. hierzu Mead (1995), S. 403-429.

Normen wirken standardisierend auf das Verhalten der Organisationsmitglieder. Eine derartige Standardisierung ist nötig, wenn die Organisation als Sozialsystem aufrecht erhalten werden soll, da nur so die notwendige Prognostizierbarkeit des Verhaltens ihrer Mitglieder möglich ist. Diese Voraussagbarkeit ist deshalb unverzichtbar, weil sich die Organisationsmitglieder in ihren Handlungen an dieser ausrichten.[285] Die Standardisierung zeigt sich im Alltagshandeln bspw. daran, dass Personen unbewusst ihren Sprachstil verändern und aneinander anpassen.

> „Sie pendeln sich auf den gleichen Grad der Intimität der ausgetauschten persönlichen Informationen ein und benutzen das gleiche nonverbale Verhalten."[286]

In organisationalen Zusammenhängen beginnt die normative Bindung mit dem Verzicht auf die Umgangssprache, geht über rollenhaftes Sprachverhalten bis hin zur Möglichkeit der Sanktionierung von normabweichendem Verhalten.[287]

Normkonformes Verhalten ist nun jedoch nicht unbedingt darauf zurückzuführen, dass die Organisationsmitglieder die in der Organisation vorherrschenden Normen internalisiert haben. Als internalisiert sind Normen erst dann anzusehen, wenn sie als sozio-kulturelle Muster in die Persönlichkeitsstruktur der Organisationsmitglieder integriert wurden.[288] Sie können jedoch auch „zum Schein" verfolgt werden, um Sanktionen zu vermeiden bzw. aufgrund des Drucks und der Erwartungen des Normgebers.[289] Ihre Funktion der Handlungssteuerung haben Normen jedoch bereits in diesem Fall erfüllt. Je höher die Normkonformität, desto geringer ist die Streuung des individuellen Verhaltens der Organisationsmitglieder[290] und desto besser können die Handlungen auf die Organisationsziele abgestimmt werden. Haben jedoch die Organisationsmitglieder die in der Organisation vorherrschenden Normen internalisiert, ist normabweichendes Verhalten unwahrscheinlicher, als wenn Normen nur „zum Schein" verfolgt werden, da eine interne Kontrolle vorliegt.[291] Mit Internalisierung

[285] Vgl. Staehle (1994), S. 258.
[286] Hahne (1997), S. 237.
[287] Vgl. Hahne (1997), S. 256.
[288] Vgl. Fuchs et al. (1978), S.829.
[289] Vgl. Kesten (1998), S. 49ff.
[290] Vgl. Kesten (1998), S. 51.
[291] Vgl. ähnlich Hillmann (1994), S. 615. Der Grad, inwieweit Normen befolgt werden hängt allerdings noch von anderen Variablen außer der Internalisierung ab. Hillmann nennt hier die Legitimität der Normen, die Härte der bei abweichendem Verhalten greifenden Sanktionen, die Funktionalität der Normen für die individuellen Ziele der Organisationsmitglieder, das Ergebnis der Interpretation der Normen durch die Beteiligten und den Grad der inneren Stimmigkeit des Normensystems. Vgl. hierzu Hillmann (1994), S. 615.

der Normen wird die Kontrollinstanz gleich mitverinnerlicht, was zur Folge hat, dass externe Kontrollen seltener notwendig sind. Normkonformes Verhalten wird so zur Selbstverständlichkeit und/oder zum eigenständigen Bedürfnis.[292] Anhand der in einer Organisation anerkannten Normen wird dann sowohl die Gültigkeit von Wahrnehmungen als auch die Angemessenheit von Gefühlen und Verhaltensweisen bewertet.[293] Sie regeln, wie sich jedes Mitglied der Organisation in welcher Weise und gegenüber welchem Organisationsmitglied zu verhalten hat und strukturieren so das Handlungsfeld. Das schließt auch Kommunikationen ein. Auch diese orientieren sich an bestimmten Regeln, ohne die sie nicht funktionieren würden. Kommunikation in Organisationen ist bspw. zu einem großen Teil durch das Sachthema, über welches kommuniziert wird, vorgeprägt. Zudem gelten Höflichkeitsregeln wie bspw. gegenseitiges Aussprechen-Lassen und die Unterlassung von Beschimpfungen oder Ähnlichem. Diese Höflichkeitsregeln strukturieren die kommunikativen Handlungen und ermöglichen so deren reibungslosen Ablauf. Nur so ist eine Verständigung überhaupt möglich, wodurch dann Koordination erreicht werden kann.

Normative Regelungen kommen in der Organisation sowohl formal als auch informal zum tragen. Unter den formalen Normen wird das explizit Festgelegte, schriftlich Fixierte verstanden. Anders ausgedrückt umfassen sie die organisatorischen Verhaltenserwartungen, die sich aus den Stellenbeschreibungen ergeben, die in formalen Rollen konkretisiert werden und für den Aufgabenvollzug nötig sind.[294] Formale Rollen werden durch Aufgabenteilung hergeleitet und sind als Positionen im Organigramm derselben ablesbar. Die Position bezeichnet die Stellung innerhalb einer Organisation und die mit ihr verbundenen Rechte und Pflichten. Das spezifische Merkmal von Positionen ist dabei, dass sie von wechselnden Personen besetzt werden können. Das bedeutet die Position an sich ist „personenunabhängig".[295] An jede Position sind bestimmte Verhaltenserwartungen geknüpft, die in ihrer Gesamtheit die mit der Position verbundene formale Rolle bilden.[296] Rollenerwartungen als normative Vorstellungen sind entsprechend positionsbezogene Spezifikationen sozialer Normen, die durch grundlegende soziokulturelle Werte gerechtfertigt werden.[297] Die Sanktio-

---

[292] Vgl. Fischer/Wiswede (1997), S. 519f.
[293] Vgl. Hoefert (1976), S. 168; Kesten (1998), S. 44.
[294] Vgl. Staehle (1994), S. 258; Kesten (1998), S. 46.
[295] Vgl. hierzu bspw. Mayntz (1958), S. 17; Argyle (1972), S. 262; Kieser/Kubicek (1983), S. 397; Kesten (1998), S. 52.
[296] Vgl. Kesten (1998), S. 52f.
[297] Vgl. Homans (1965), S. 6f; Hillmann (1994), S. 743; Kesten (1998), S. 53.

nierung des von formalen Normen abweichenden Verhaltens erfolgt von Seiten der Organisationsleitung bzw. von ihr dazu legitimierten Personen. Als Beispiel für Sanktionen aufgrund der Verletzung formaler Normen lassen sich Versetzungen, Kompetenzänderungen und Entlassungen anführen.[298]

Neben den formalen bestehen informale Normen, die das Verhalten der Mitglieder untereinander regeln und kalkulierbar machen sollen. Diese Normen werden zum Teil von den Mitgliedern selbst, zum Teil von der Organisationsleitung oder auch von Organisationsfremden entwickelt und gelten als faktisch verbindlich für die Organisationsmitglieder. Das bedeutet auch ihre Einhaltung kann sanktioniert werden, jedoch nicht – wie bei den formalen Normen – durch die Organisationsleitung, sondern vielmehr durch alle Mitglieder, für die sie gelten. Ein Beispiel für informale Sanktionen ist beispielsweise das Ausgrenzen von Organisationsmitgliedern oder genereller formuliert die Teilhabe an Gesprächen. Formale und informale Normen bilden zusammen die normativen Regelungen der Organisation und bilden entsprechend die Basis für deren Legitimation.

Wie bereits erwähnt, wirken sowohl formale als auch informale Normen standardisierend auf das Verhalten von Individuen in sozialen Gebilden und somit auch in Organisationen. Ihnen kommen dabei mehrere Funktionen zu. Zum einen dienen sie der Aufrechterhaltung der Organisation, da sie dabei helfen, die gestellten Aufgaben und Probleme zu lösen und die gesetzten Ziele zu erreichen.[299] Zum anderen schaffen sie einen Bezugsrahmen, der von den Organisationsmitgliedern als soziale Wirklichkeit angenommen wird. Sie grenzen die Erlebnissphäre des Mitgliedes ein und ermöglichen ihm eine „Definition und Differenzierung seiner Handlungssituationen und eine konkrete, im Handeln umsetzbare Interpretation der moralisch geltenden und bindenden Werte“[300]. Darüber hinaus kann man anhand der Normen die Mitglieder einer Organisation identifizieren, was eine Definition der Beziehungen zur sozialen Umwelt ermöglicht.[301]

---

298 Vgl. Kesten (1998), S. 50.

299 Wird hier von Zielen gesprochen, sind damit die Organisationsziele gemeint. Auf das Verhältnis der Ziele der Organisationsmitglieder und wie demgegenüber Organisationsziele einzuordnen sind, wurde bereits bei Kap. 2.1.2.2 näher eingegangen.

300 Hillmann (1994), S. 616.

301 Vgl. bezüglich der Funktionen von Normen Kesten (1998), S. 45f; Hillmann (1994), S. 616.

Beleuchtet man nun näher, *warum* Normen als generalisierte Verhaltensmuster von den Einzelnen angenommen werden, lässt sich festhalten, dass dies deshalb geschieht, weil die Organisationsmitglieder „dadurch in die Lage versetzt werden, Gruppenziele zu erreichen und interpersonale Bedürfnisse zu befriedigen“[302]. Normen basieren demnach darauf, dass die Mitglieder eines Sozialsystems – hier einer Organisation – dieses erhalten wollen. Durch Normen wird also das Sollen konstituiert.[303]

Am Beispiel der Normen lässt sich nochmals verdeutlichen, dass die Trennung der Strukturmomente der Organisation lediglich eine analytische sein kann. Die Anwendung von Sanktionen ist nur unter Rückgriff auf Machtmittel und somit Herrschaft möglich. Wird normgerecht gehandelt, werden die bestehenden Macht- und Herrschaftsverhältnisse reproduziert. Außerdem werden normative Regelungen meist durch kommunikative Handlungen vermittelt, sind an die in der Organisation vorherrschenden Deutungsmuster gebunden und wirken wiederum auf diese zurück.

3.2.3 Zur Wirkung des Strukturmomentes Deutungsmuster in der Organisation

Die in einer Organisation bestehenden kognitiven *Deutungsmuster* in Form von Regeln der Sinngebung werden in der Interaktion ihrer Mitglieder durch fortgesetzte Kommunikation hervorgebracht. Dies geschieht unter Anwendung interpretativer Schemata, da alle hervorgebrachten Bedeutungen, Ereignisse und Dinge interpretationsbedürftig sind. Sinngebung als Mechanismus der Bedeutungszuschreibung findet demnach als reziprokes, reflexives kommunikatives Handeln statt und strukturiert auf diese Weise die Organisation und das Verhalten ihrer Mitglieder.

Die Elemente der Sinngebung sind nötig zur Selbstdarstellung der Organisationsmitglieder, die in Organisationen unerlässlich ist. Als Mittel der Selbstdarstellung kann das „Impression Management“ angesehen werden. Eine wichtige Technik dessen ist das Erzählen selbsterlebter Geschichten. Auf diese Weise wird über den Umweg des Fremdbildes das Selbstbild aufgewertet.

> „In dem Maße, wie es einem Individuum gelingt, die eigene Situationsdefinition auf den anderen zu projizieren, kann er selbstbildbestätigende Reaktionen des anderen produzieren.

[302] Argyle (1972), S. 221.

[303] Vgl. Siebel (1982) S. 121f.

Die Situationsdefinition ist zwar gemeinsames Ergebnis der Interaktionsbemühungen aller, aber nicht im Sinne einer Gleichverteilung."[304]

„Impression Management" ist vor allem in Situationen des sozialen Wandels gefordert, wenn die Einbettung des Organisationsmitgliedes in die organisationale Struktur neu begründet werden muss. Dies geschieht typischerweise beim Eintritt in die Organisation.[305] Selbstdarstellung ist entsprechend als fundamentale Komponente sozialer Interaktion anzusehen.[306] Dabei spielen symbolische Handlungen und Rituale wie bspw. Zeremonien und Feste eine große Rolle in der Organisation. Rituale sind routinisierte, institutionalisierte Verhaltensweisen, auf die die Organisationsmitglieder bei der Inszenierung ihres Verhaltens spontan und meist ohne Nachdenken zurückgreifen.[307] Sie sind sozial streng geregelte Handlungsabläufe, die das Handeln der Organisationsmitglieder jedoch nicht determinieren, für die betriebliche Handlungspraxis jedoch unverzichtbar sind.[308] Sie stellen sicher, dass eine bestimmte expressive Ordnung eingehalten wird, die Konsistenz herstellt. Diese Techniken des Impression Managements zielen dabei darauf, dass sowohl das Selbstbild des „Darstellers" als auch das seines Interaktionspartners gewahrt wird. So wird ein „Arbeitskonsens" geschaffen, an dem die Interaktion ausgerichtet wird.[309]

Identitätswahrung, -veränderung und -stützung in der Organisation erfolgt vordringlich durch die verschiedensten Arten der informalen Kommunikation.[310] Diese Kommunikationsarten können auch bezeichnet werden als „kommunikative Gattungen" [311]. Dabei handelt es sich um kommunikative Handlungen, in denen sich der Handelnde an einem spezifischen Gesamtmuster orientiert, das den Kommunikationsab-

---

304 Hahne (1997), S. 283.

305 So sind bspw. bereits bei der Bewerbung immer stärker Selbstdarstellungsqualitäten gefragt.

306 Vgl. Hahne (1997), S. 285f.

307 Vgl. ähnlich Miebach (1991), S. 89. Der Gedanke, dass Individuen ihr Verhalten inszenieren geht auf Erving Goffman zurück, der das Verhalten der Akteure mit dem von Schauspielern auf einer Bühne vergleicht. Vgl. hierzu Goffman (1969), S. 19ff.

308 Vgl. Hahne (1997), S. 254f. Zum Begriff ritueller Handlungen vgl. außerdem Goffman (1971), S. 10ff.

309 Vgl. Goffman (1971), S. 16ff.

310 Bei der Verwendung des Begriffs der Identität ist darauf zu achten, dass die Identität eines Individuums nicht allein durch die von ihm innerhalb der Organisation ausgefüllten Rollen und das damit zusammenhängende „Impression Management" gebildet wird. Vielmehr nimmt das Individuum innerhalb einer Gesellschaft die verschiedensten Rollen ein, die seine Identität prägen. Vgl. hierzu Miebach (1991), S. 31-36.

311 Der Begriff der kommunikativen Gattungen geht auf Luckmann zurück. Vgl. hierzu bspw. Luckmann (1986), S. 200ff.

lauf bestimmt. Sie sind verstehbar als Muster zur Lösung kommunikativer Probleme und je nach dem damit zu verfolgenden Ziel unterschiedlich ausgestaltet.[312]

> „Kommunikative Gattungen, Ritualisierungen und Standardisierungen stellen zusammen mit den Regeln der kommunikativen Etikette und der Höflichkeit (...) ein kulturgebundenes Regelwerk zur Verfügung, innerhalb dessen (...) wir uns im Alltag mühelos bewegen."[313]

Als Beispiele der für das „Impression Management" relevanten „kommunikativen Gattungen" lassen sich sowohl organisatorische Geschichten (Stories), Klatsch, Small-Talk, Gerüchte als auch Überredung anführen. Neuberger/Kompa bezeichnen Stories als weiche Methode der Verhaltensbeeinflussung. Stories selektieren zum einen Erfahrungen und Erwartungen der Organisationsmitglieder und beeinflussen damit allgemeine Werthaltungen und Denkschemata. Zum anderen etikettieren sie Situationen und tragen so zur einheitlichen Routinisierung des organisationalen Ablaufs bei. Außerdem normieren sie künftiges Handeln und legitimieren Normen und Vorschriften.[314] So kann bspw. eine Erzählung über ein aufgrund der Missachtung von Regeln missglücktes Vorgehen in der Organisation die organisationalen Normen und Vorschriften neu untermauern und kräftigen. Small-Talk kann bezeichnet werden als ein „gegenseitiges Abtasten" daraufhin, ob weitere Gespräche überhaupt als lohnend erachtet werden. Er schafft die Voraussetzungen für dauerhafte Beziehungen und ist zudem die Basis von Klatsch. Klatsch ist personenbezogene Konversation und findet nur statt, wenn das „Klatschobjekt" nicht anwesend ist. Er ist indiskret und begünstigt Oberflächlichkeit, fördert jedoch gleichzeitig die Soziabilität sowie den Gemeinsinn und kann Moralstandards durchsetzen.[315] „Klatsch ist ein meist gewohnheitsmäßiger, aber unbewußter Versuch zu beeinflussen"[316] und findet im Rahmen der informalen Organisation statt.[317] Auch Klatschen kann somit als Machthandeln angesehen werden, da es ein Versuch der Beeinflussung ist.

Im Rahmen der formalen Organisation findet stets bewusste Beeinflussung statt, wobei auch hier durch Kommunikation beim Empfänger Verhaltens- und/oder Einstellungsveränderungen erzielt werden sollen. Eine große Rolle spielen bei derartigen

---

[312] Vgl. Luckmann (1986), S. 201f.
[313] Radlanski (1995), S. 241.
[314] Vgl. Neuberger/Kompa (1987), S. 61ff.
[315] Vgl. Cooley (1969), S. 22f.
[316] Hahne (1997), S. 290.
[317] In der informalen Organisation kann jedoch auch bewusste Beeinflussung stattfinden. Vgl. hierzu die Ausführungen über mikropolitisches Handeln in Kap. 3.2.1. Ein Beispiel für bewusste Beeinflussung hierfür wäre auf Mobbing ausgerichtetes Klatschen.

Überzeugungsversuchen die Glaubwürdigkeit dessen, der beeinflussend wirken möchte[318], die Kommunikationssituation sowie sozialer Druck. Neben offenen Versuchen der Einstellungsänderung kann dabei auch unter Rückgriff auf manipulative Techniken auf den Kommunikationsempfänger eingewirkt werden. Ist dies der Fall, wird von Überredung gesprochen. Die Verfügbarkeit manipulativer Techniken hängt von den je spezifischen Machtgrundlagen der Organisationsmitglieder ab und äußert sich in mikropolitischen Strategien.[319] Hier wird die Verbindung des Strukturmoments der Deutungsmuster mit dem der Herrschaft deutlich.

3.3 Körperliche und charakterliche Prägung als Strukturmoment

Auch wenn Giddens immer wieder betont, dass die oben genannten Strukturdimensionen Handelnde voraussetzen und erst diese das gesellschaftliche Leben durch ihre Interaktionen hervorbringen, wird das Subjekt in seiner Theorie eher ausgespart. Woran Interaktionen geknüpft sind und welche strukturellen Aspekte dem Akteur selbst zuzurechnen sind und dadurch Auswirkungen auf den Prozess des Organisierens haben, wird nicht thematisiert. Gerade wenn man Kommunikation in Organisationen betrachtet, ist jedoch nicht allein die Interaktionsebene, auf der die Akteure innerhalb eines bestimmten Spielraumes agieren, von Interesse. Der persönliche Verhaltensspielraum der Organisationsmitglieder ist nur zum Teil frei gewählt, wie bereits ausführlich dargestellt wurde. Gerade durch die formalen Satzungen, Rollendefinitionen und Positionszuschreibungen sowie die geteilten Bedeutungsmuster, Herrschaftsstrukturen sowie formale Kommunikationswege und -inhalte der Organisation sind die Mitglieder in ihren Sozialkontakten und Handlungsweisen bereits vorgeprägt.

Interaktionen finden bei Kopräsenz – von der hier ausgegangen wird – stets zwischen zwei körperlich anwesenden Individuen statt. Ihre Körper sind dabei als bedeutende Merkmale der jeweiligen Situation anzusehen, gleichwohl ob sie in die Interaktion direkt einbezogen werden oder nicht. Menschliches Verhalten ist untrennbar mit dem Akteur verbunden und beruht auf der körperlichen Prägung desselben, die nur be-

---

[318] Goffman arbeitet heraus, dass Selbstdarstellung und eine entsprechende Beeinflussung der Interaktionsteilnehmer nur erreicht werden kann, wenn das, was er kommuniziert in sich konsistent ist und nicht in Widerspruch zu seinem Auftreten steht. Vgl. Goffman (1969), S. 48ff.

[319] Vgl. Hahne (1997), S. 292ff.

stimmte Verständnisleistungen ermöglicht.[320] Ein Zusammentreffen von Menschen wirkt nie neutral, sondern meist wird dadurch ein mehr oder weniger starkes Gefühl der Sympathie oder Antipathie ausgelöst. Das Auftreten unseres Gegenüber, seine Mimik und Gestik, seine Haltung und Stimme sagen etwas über seine Persönlichkeit aus.[321] Aus diesen Gründen soll den drei bereits genannten Strukturmerkmalen mit Hahne die körperliche und charakterliche Prägung als viertes hinzugefügt werden[322], um den Akteur und allein ihm zuzurechnende Aspekte in die Analyse mit einbeziehen zu können. Diese Prägung wird vermittelt durch Affekte sowie Emotionen und wirkt im persönlichen Kontakt. Sie ist eine stärker individualpsychologische Kategorie und deshalb auch nicht so eng mit den anderen Strukturmomenten verquickt.[323] Es kommen demnach auch psycho-soziale Faktoren im organisationalen Geschehen zum tragen.

Das folgende Schaubild soll die Zusammenhänge nochmals verdeutlichen.

Abbildung 2: Dimensionen der Dualität von Handlung und Struktur erweitert um das Strukturmoment der körperlichen und charakterlichen Prägung

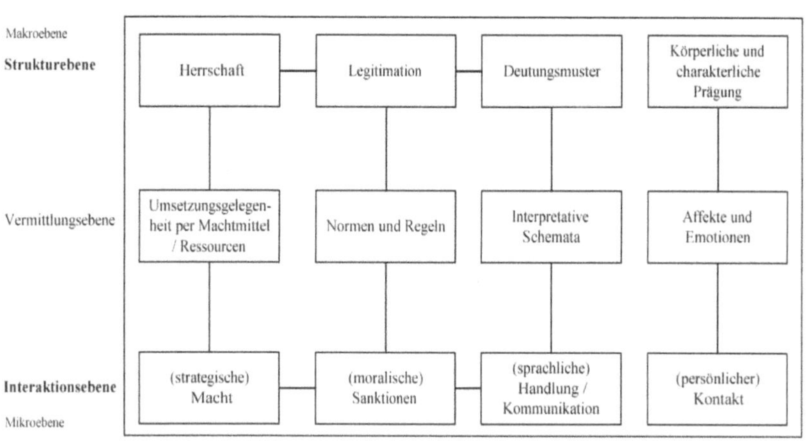

Quelle: Hahne (1997), S. 182

320 Vgl. Hahne (1997), S. 184.
321 Vgl. Hahne (1997), S. 341.
322 Hahne (1997), S. 182.
323 Vgl. Hahne (1997), S. 182f.

Die Erweiterung des Modells um das Strukturmoment der körperlichen und charakterlichen Prägung ist bereits bei Giddens selbst angelegt.

> „Routinemäßig stützen sich Handelnde bei der Konstitution von Kommunikation auf Aspekte des Kontextes, etwa die zeitliche Ordnung von Gesten und Gesprächen."[324]

Kontakt und Interaktion vermittelt über Gesten und Gespräche sind dabei nicht ablösbar von der Körperlichkeit der Akteure.[325] Aufgrund der Körperlichkeit finden zum Teil höchst problematische Pauschalisierungen und Typisierungen statt, die ideologiebehaftet und statisch orientiert sein können. Auch Kommunikation in Organisationen ist davon nicht frei, denn auch hier werden Verhaltenskategorien aufgrund äußerer Attribute gebildet. Diese können sehr problematisch sein, gerade wenn persönlichkeitsdiagnostische Vorstellungen verdeckt bleiben.[326] Als Beispiel einer Persönlichkeitstypologie aus der Praktikerliteratur lässt sich die Friedmanns anführen, der aufgrund äußerer Merkmale wie bspw. Haltung, Gang, Kleidung und Sprache in den Beziehungs-, den Sach- und den Handlungstyp trennt, denen er jeweils verschiedene Eigenschaften zuschreibt.[327] Problematisch an derartigen Typologien ist, dass sie das Bild vermitteln, erfolgreiches Verhalten ließe sich eindimensional auf bestimmte Eigenschaften zurückführen. Dies ist so nicht zutreffend, sondern basiert vielmehr auf deren passender Aktivierung im Wechselspiel von Faktoren wie bspw. Aufgabenstellung, Erfüllungssituation und mitagierende Akteure.[328]

Der Körper kommuniziert auf verschiedene Weisen, da für die verschiedenen Positionen in einem Über- und Unterordnungsverhältnis wie der Organisation typische Körperhaltungen kulturell festgelegt sind. [329] Auf die Bedeutung von Gesten für die Kommunikation wurde bereits eingegangen. In diesem Zusammenhang wurde die Sprache als Beispiel signifikanter Symbole sowie die non-verbale Kommunikation [330] genannt. Die non-verbale Kommunikation kommt nun auch in der Organisation zum tragen.

[324] Giddens (1992), S. 123.
[325] Auf die besondere Bedeutung von Gesten und signifikanten Symbolen insbesondere der Sprache für die Kommunikation verwies vor allem George H. Mead. Vgl. hierzu Mead (1995), S. 100-115 sowie die Ausführungen in Kap. 2.2.1.
[326] Vgl. Hahne (1997), S. 341f.
[327] Vgl. Friedmann (2000).
[328] Vgl. Hahne (1997), S. 343.
[329] Vgl. Hahne (1997), S. 345ff.
[330] vgl. hierzu Kap. 2.2.1.

„Aus Körperhaltung und -spannung, Mimik und Gestik nehmen wir meist unbewußt viel über den momentanen Zustand des Gesprächspartners wahr."[331]

Non-verbale Kommunikationsmittel wie gestische und mimische Ausdrucksformen werden in der Regel gewohnheitsmäßig in der Interaktion angewendet, um den Kommunikationsverlauf mitzugestalten. Sie erlauben eine parallel zum Gesprächsverlauf mitlaufende Selbst- und Fremdkontrolle. So wird der organisationale Kommunikationsverlauf durch non-verbale Elemente kontrolliert und abgegrenzt. Sie spezifizieren, welche Inhalte besonders relevant sein sollen. Durch non-verbale Kommunikation können außerdem Sprache und übermittelte Botschaften ersetzt werden. Sie dient zudem der Steuerung des Dialogverlaufs und kann durch die Möglichkeit zur Akzentsetzung als ergänzende Selbstdarstellung verstanden werden.[332] Solche Elemente sind bspw. generell Körpersprache und Teilaspekte wie Sitzposition, Gestik, Mimik und Blickkontakt. Dabei kommen dem Blickkontakt drei Funktionen zu:

„Blicke sind erstens Zugänglichkeitssignale, um Anwesenden einen Teilnehmerstatus zuzubilligen und sie in einen bestimmten Interaktionsrahmen aufzunehmen. Sie haben zweitens eine Steuerungsfunktion, denn sie regeln z.B. den Sprecherwechsel im Dialog. Gleichzeitig übermitteln sie Zustimmung, Ermutigung, Kritik oder Mißbilligung. Als Zugänglichkeitssignal und in ihrer Steuerungsfunktion ist visuelles Verhalten wichtiger Bestandteil der interpersonalen Attraktion. Zusätzlich und damit drittens ist der Blick ein Mittel der ‚Identitäts- und Machtpolitik'."[333]

Darüber hinaus spielt auch die Positionierung im Raum eine Rolle, da sie Aufschluss über die körperliche Distanz geben kann, die zwischen Personen herrscht. Damit verbunden sind Aspekte des Geruchs und der Berührung. Das Bemühen um körperliche Abgrenzung ist dabei häufig mit dem Vermeiden von Blickkontakt verbunden. Derartige non-verbale kommunikative Handlungen sind jedoch nur verstehbar, wenn die Normalform ihrer Begleitumstände bekannt ist, an der Abweichungen gemessen werden können.

Die Körpersprache im engeren Sinn meint die Gestik. Eine Geste ist die Haltung des Körpers, seine Bewegung und dabei insbesondere die der Hände. Sie ist einerseits Ausdruck überindividueller tradierter Strukturen, andererseits individueller Ausdruck des Körpers und „Seelenspiegel". Gesten werden in der Regel unbewusst produziert und sind nicht davon abhängig, ob sie der Gesprächspartner beachtet oder nicht. Als Beispiel hierfür lässt sich das Gestikulieren am Telefon anführen. Gesten sind somit sowohl Fremd- als auch Selbststimulation auf körperlicher Ebene. Um nun als kompe-

[331] Hahne (1997), S. 344.
[332] Vgl. Hahne (1997), S. 352f.

tenter Akteur zu gelten, muss man sowohl über kontinuierliche Körperkontrolle verfügen, als auch von den anderen als kontrolliert wahrgenommen werden.

> „Die Internalisierung äußeren Beherrschtseins (...) ist für Giddens als routinemäßige Körperkontrolle Mittel und Voraussetzung, um von den anderen als kompetent akzeptiert zu werden. Die Normalerscheinung (...) ist Teil des routinisierten Interaktionskontextes."[334]

In einer Interaktion bzw. einem persönlichen Kontakt findet nun stets bewusst oder unbewusst non-verbale Kommunikation statt. Generell lässt sich sagen, dass direkte Kontakte vertrauensbildend wirken und mit Gefühlen verbunden sind. Auch in der Organisation spielen demnach Gefühle eine wichtige Rolle. Sie beeinflussen das Handeln der Organisationsmitglieder und strukturieren soziale Zusammenhänge. Menschliche Beziehungen ohne emotional-affektive Beteiligung der Akteure sind nicht denkbar.[335] Auch in der Organisation wirken nun die verschiedensten Gefühle strukturierend auf die Handlungen der Organisationsmitglieder ein. Zu nennen sind negative Emotionen wie bspw. Verärgerung, Wut und Missgunst. Kommunikationsakte, die diese Gefühle ausdrücken, lösen Affektstaus, zeigen den emotionalen Abstand zur Tätigkeit an und ratifizieren die Tätigkeitsausübung in ihrer bestehenden Form.[336] Auch Ängste strukturieren die Handlungen der Organisationsmitglieder, wenngleich zum Teil unbewusst. Durch verdrängte Ängste entstehen Vorlieben und Abneigungen der Organisationsmitglieder: Eher angstbesetzte Objekte, Personen und Situationen werden gemieden. Die Gefühle der Organisationsmitglieder sind dabei als untereinander lose gekoppelt zu betrachten.

> „Gerade in Arbeitsgruppen ist Lust oder Unlust an der Arbeit ein Kollektivphänomen."[337]

Neben den negativen Gefühlen, spielen auch positive Gefühle der Organisationsmitglieder eine wichtige Rolle in der Organisation. In diesem Zusammenhang sind bspw. Befolgungsgefühle zu nennen, die das Selbstwertgefühl der Organisationsmitglieder stützen. In einem solchen Fall ziehen die Mitglieder aus dem Befolgen einer formalen Norm für sich Gewinn und Befriedigung. Auch das Feed-Back ist in diesem Zusammenhang zu sehen: Lob eines Vorgesetzten kann als Bestätigung für sachlich richtiges Handeln angesehen werden und somit das Selbstwertgefühl stärken.[338] Bestehen von

---

[333] Hahne (1997), S. 357f.
[334] Hahne (1997), S. 351.
[335] Vgl. hierzu die Ausführungen über die Bedeutung des Gemeinschaftsgefühls für die Organisation in Kap. 5.
[336] Vgl. Hahne (1997), S. 366.
[337] Hahne (1997), S. 368.
[338] Vgl. Hahne (1997), S. 369ff.

Seiten eines Organisationsmitglieds überwiegend positive Gefühle gegenüber der Organisation oder den anderen Mitgliedern ist eine emotional-affektive Bindung vorhanden. Die Bedeutung dieser affektiven Bindung für die Organisation wird im weiteren Verlauf noch spezifisch herausgestellt.[339]

3.4 Zusammenfassung

Die Organisation ist ein soziales Gebilde, das aus den Handlungs- und Kommunikationszusammenhängen seiner Mitglieder besteht und über bestimmte Strukturen verfügt. Dabei besteht zwischen den (kommunikativen) Handlungen der Organisationsmitglieder und der Organisationsstruktur eine Dualität. Das bedeutet, die Strukturen entstehen durch und in der fortgesetzten Interaktion und Kommunikation. Genauso sind die Handlungen der Organisationsmitglieder jedoch auch durch die bestehenden Strukturen beeinflusst. Kommunikatives Handeln vollzieht sich in organisational verfügbaren Formen, ist aber gleichzeitig Handeln, das diese Formen intentional verwendet und mit ihnen arbeitet. Auf diese Weise „erschafft" Kommunikation die Organisation. Kommunikation ist also sowohl Mittel als auch Produkt kommunikativen Handelns: Sie schafft Strukturen, die sich dauerhaft verfestigen und auf das folgende kommunikative Handeln zurückwirken.[340] Es besteht demnach eine rekursive, reflexive gegenseitige Beeinflussung zwischen Handlung und Struktur. In der Organisation wirken die Strukturmomente Herrschaft, Legitimation, Deutungsmuster und körperliche/charakterliche Prägung, die auf der Interaktionsebene ihre Entsprechungen finden in ressourcenbasiertem Machthandeln, Sanktionen, sprachlichen Handlungen und persönlichem Kontakt. Zwischen den beiden Ebenen findet eine Vermittlung durch Machtmittel, normative Regelungen, interpretative Schemata und Gefühle statt. Kommunikation ist bei Giddens demnach nur als eine Dimension von Interaktion zu verstehen und zwar als diejenige, die sich auf die Aktualisierung von Sinn bezieht.[341] Kommunikatives Handeln wird hier als eine Form der regelgebundenen Handlung bezeichnet, die mit Informationsvermittlung verbunden ist. Information und Regeln müssen jedoch stets von den Organisationsmitgliedern interpretiert werden.

[339] Vgl. hierzu Kap. 4.2.2.
[340] Vgl. Knoblauch (1995), S. V.
[341] Vgl. Theis (1994), S. 182.

„Die Regeln haben normativen Charakter und beschränken sich nicht nur auf sprachliche Aspekte, sondern auch darauf, wer in einer Organisation zu welchem Zeitpunkt, wie häufig über welche Inhalte spricht.“[342]

Die Strukturmomente Herrschaft, Legitimation und Deutungsmuster sind dabei eng miteinander verbunden und eigentlich nur analytisch trennbar. Beispielsweise können kommunikative Handlungen auch Machthandlungen sein. Kommunikationen in Organisationen sind oft machtgeprägte, asymmetrische Prozesse, in denen die unterschiedliche Definitionsmacht der Organisationsmitglieder zum Ausdruck kommt.[343] Außerdem werden Normen und Regeln sprachlich vermittelt und erst in ihrer Anwendung tatsächlich existent. Auch das Strukturmoment körperliche und charakterliche Prägung wirkt in Organisationen stets auf die Handlungen der Organisationsmitglieder ein. Durch Sympathie und Antipathie sowie durch Gefühle werden Kommunikationen und Handlungen strukturiert. Direkte Kommunikation kann dabei nie losgelöst vom Körper betrachtet werden, da dieser auf die verschiedensten Weisen auf den Gesprächsverlauf einwirkt. Selbst bci telefonischer Kommunikation wirkt das körperliche Element „Stimme“. Bei Kommunikation über schriftliche Medien fehlt zwar das körperliche Element, aber gerade bei informaler Kommunikation mittels E-Mail zeichnet sich ein Trend ab, körperliche Gesten durch Symbole wie bspw. „Emoticons“ auszudrücken.[344] Kommunikationsprozesse lassen sich also als Bestandteil sozialer Ereignisse fassen, die durch formalisierte Signale eingeklammert und durch Regelorientierung reproduziert werden. Gerade dadurch werden die organisationalen Strukturen aufrechterhalten.[345]

Die Organisation ist somit ein höchst komplexes Gebilde. In ihr wirken Strukturen, die jedoch das Handeln der Organisationsmitglieder nicht vollständig determinieren. Sie geben Handlungswege vor, strukturieren Beziehungen, definieren Kommunikationswege und -inhalte. Sie eröffnen demnach einen Handlungsspielraum, in welchem die Mitglieder ihr Handeln ihren persönlichen Motiven entsprechend ausgestalten. Auf diese Weise entsteht die Organisation durch die (kommunikativen) Handlungen ihrer Mitglieder. In der Interaktion werden die Strukturmomente der Organisation verändert

342 Theis (1994), S. 182.

343 Vgl. Funke-Welti (2000), S. 62. Die in Organisationen unterschiedlich verteilte Definitionsmacht wurde bereits bei der Definition von Zielen für die Organisation angesprochen. Vgl. hierzu Kap. 2.1.2.1.

344 Dabei handelt es sich um Symbole, die den Gefühlszustand des Schreibenden ausdrücken sollen und so dazu beitragen, dass getroffene Äußerung nicht falsch verstanden werden, da die visuelle Kontrolle fehlt. Vgl. hierzu bspw. Niedermeier (2001).

und variiert, was eine Anpassung an veränderte Umwelten ermöglicht. Diese Anpassung ist lebensnotwendig für die Organisation. Die Organisationsmitglieder treten einer Organisation bei, um in ihr die Bedürfnisse zu verfolgen, die sie allein nicht erfüllen können. Innerhalb einer Organisation treffen demnach die verschiedensten Interessen und Motive aufeinander, die zum Teil im Widerspruch zueinander stehen können. Deshalb ist es notwendig, dass eine Bindung der Organisationsmitglieder an die Organisation vonstatten geht. Nur so kann gesichert werden, dass die Organisation an sich Bestand haben kann, obwohl ihre Mitglieder primär ihre eigenen Interessen verfolgen. Auf die Frage, ob und wie dies funktionieren kann, soll nun näher eingegangen werden.

[345] Vgl. Theis (1994), S. 182.

4 Motivation in der Organisation

Die Organisation wurde als ein aus Handlungs- und Kommunikationszusammenhängen bestehendes soziales System mit je individuell agierenden Mitgliedern definiert, wobei die Organisationsmitglieder ihre eigenen Interessen und Motive verfolgen, die sie in der Organisation durch mikropolitisches Handeln umsetzen wollen. Aus diesem Grund ist es nicht möglich davon auszugehen, dass der Bestand der Organisation fraglos gesichert ist, auch wenn das Handeln der Organisationsmitglieder durch die in der Organisation wirkenden Strukturmerkmale bereits vorstrukturiert ist. Vielmehr ist es nötig, die Organisationsmitglieder immer aufs neue an die Organisation zu binden. Die Mitglieder müssen immer wieder motiviert werden, in der Organisation zu verbleiben und die von dieser angebotenen Handlungsprogramme anzunehmen, um ihre je spezifischen Ziele zu verfolgen. Es stellt sich nun die Frage, wie diese Motivation erzeugt werden kann. Wie können Organisationsmitglieder dazu gebracht werden, in der Organisation zu verbleiben? Ist es überhaupt möglich, dies von Seiten der Organisation zu beeinflussen und wenn ja, wie? Um dies zu klären, ist es zunächst sinnvoll zu betrachten, welche spezifischen Motive die Organisationsmitglieder in der Organisation verfolgen. Anschließend soll herausgearbeitet werden, was unter Motivation zu verstehen ist und wie sie zustande kommen kann. Schließlich wird die Folgebereitschaft oder Loyalität als Sonderform der Motivation in Organisationen eingeführt und ihre Bedeutung für die Organisation aufgezeigt. Davor soll jedoch kurz auf die Methode der Mehrebenenanalyse eingegangen werden, um die zwischen Individuum und Organisation bestehende Wechselbeziehung nochmals zu verdeutlichen und zu erklären, *wie* aus fortgesetzten, aufeinander bezogenen Handlungen und Interaktionen Strukturen entstehen.

4.1 Mikro- und Makroebene in der Organisation

Anhand Giddens „Theorie der Strukturierung“ wurde bereits deutlich gemacht, dass eine reziproke Wechselbeziehung zwischen Individuum (Mikroebene) und Organisation bzw. ihren Strukturen (Makroebene) besteht. Um Handeln innerhalb einer Organisation zu erklären, ist es demnach nötig, sowohl Mikro- und Makroebene als auch deren Verbindung zu betrachten. Makrophänomene wie die Strukturmomente der Organisation sind nur unter Rückgriff auf die Mikroebene, d.h. auf die Organisationsmitglieder und ihr Handeln, zu erklären. Weder genügt eine Betrachtung der Mikroebene noch eine ausschließliche Untersuchung der Makroebene, um das

noch eine ausschließliche Untersuchung der Makroebene, um das Geschehen in Organisationen und deren Zustandekommen verstehen zu können.[346] Mit Giddens wurde dies deutlich: Die Strukturen und Strukturmomente der Organisation entstehen durch Interaktion und Kommunikation ihrer Mitglieder und werden durch diese verfestigt. Die Handlungen der Organisationsmitglieder sind jedoch ebenso wenig abgekoppelt von den Organisationsstrukturen versteh- und denkbar wie umgekehrt die Strukturen ohne fortgesetzte Interaktion und Kommunikation der Organisationsmitglieder.[347] Giddens Beitrag ist entsprechend als Versuch zu verstehen, Mikro- und Makroebene miteinander zu verbinden. Er ist jedoch nicht dazu in der Lage, zu erklären, wie tatsächlich die Bildung von Strukturen in der Interaktion stattfindet. Aus diesem Grund wird nun mit Bezug auf Esser, das Modell der Mehrebenenanalyse von Coleman[348] zur Klärung der Beziehung zwischen Mikro- und Makroebene in Organisationen herangezogen. Damit soll deutlich gemacht werden, *wie* Makrophänomene aus der Aggregation von Mikroprozessen entstehen. Eine direkte Kausalbeziehung zwischen zwei Makrophänomenen ist demnach nicht möglich, sondern es muss stets der Umweg über die Mikroebene gewählt werden, um Makrophänomene zu erklären.[349]

Die Makroebene einer Organisation umfasst die sozio-kulturellen Phänomene, wie bspw. die Herrschaftsstruktur, die angewandten Deutungsmuster, die Kommunikationsstruktur und die geltenden Normen und Regeln. Hier finden sich die kulturellen Voraussetzungen des Handelns, die das Handeln zum einen erst ermöglichen, zum anderen jedoch durch das Handeln selbst bestätigt oder auch verändert werden. Um aus einem sozial-kulturellen Phänomen ein anderes erklären zu können, ist nun der Umweg über die Mikroebene unerlässlich. Dafür werden aus dem Makrophänomen unter Zuhilfenahme von Brückenhypothesen subjektive Motive des Individuums abgeleitet. Es findet dabei eine Bestimmung, eine „Definition der Situation" von Seiten des Individuums statt. Ausgehend von eben diesen Motiven, die auf seinen vorsozialen Merkmalen sowie sozialen Prägungen beruhen, wird es selektiv eine Handlung auswählen. Das sich daraus ergebende Resultat wird auch als individueller Effekt bezeichnet. Dieser ist jedoch meist nicht in der Lage, das betrachtete sozio-kulturelle Phänomen zu erklären. Dafür ist vielmehr eine Ableitung der neu konstituierten kollektiven Situation als Folge der individuellen Effekte Vieler nötig. Dies wird als „Logik der Aggregation" bezeich-

346 Vgl. Esser (1999), S. 5ff.
347 Vgl. die Ausführungen in Kap. 3.1.1. und 3.1.2.
348 Coleman (1991).
349 Vgl. Hennen/Springer (1996), S. 16f.

net. Für diesen Übergang werden bestimmte „Transformationsregeln“ benötigt, die spezifizieren, unter welchen Bedingungen bestimmte individuelle Effekte bestimmte kollektive Sachverhalte hervorbringen.[350] Diese kollektiven Phänomene sind jedoch stets nur zum Teil als intendierte Folge von Handlungen anzusehen. Ein Großteil der Folgen sind nicht-intendiert, erzeugen aber im Zusammenwirken mit den intendierten schließlich das zu erklärende sozial-kulturelle Phänomen.[351] Bezogen auf die Fragestellung der Arbeit, wie der Bestand einer Organisation gesichert werden kann, bedeutet das, dass dieser ausgehend von den bestehenden Organisationsstukturen nur über den Umweg der von den Organisationsmitgliedern verfolgten Motive erreicht werden kann.

Die folgende Abbildung soll die Zusammenhänge nochmals verdeutlichen.

Abbildung 3: Das Mehrebenenmodell nach Coleman

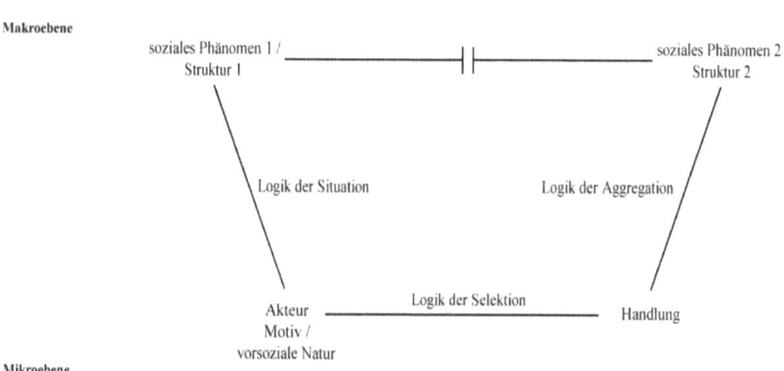

Quelle: ähnlich Coleman (1991), S. 10.

Auch Popper entwickelte ein Mehrebenenmodell, das sich zur Erklärung der Entstehung von Kulturmustern in der Organisation eignet. Er unterscheidet analytisch drei Welten, wobei Welt 1, die der physikalischen sowie biologischen Gegebenheiten und Zustände beschreibt.[352] Bezogen auf die Organisation lassen sich hier bspw. Arbeitsplatz, Gebäude, etc. als auch vor allem die vorsoziale menschliche Natur mit ihren

[350] Vgl. Hennen/Springer (1996), S. 16ff; Kunz (1997), S. 47ff; Esser (1999), S. 15f. Vgl. außerdem Abb. 3.
[351] Vgl. Esser (1999), S. 405ff. Auf die Bedeutung nicht-intendierter Handlungsfolgen für die Strukturbildung wurde bereits in Kap. 3.1.1 verwiesen. Vgl. außerdem Hennen (1990), S. 22; Giddens (1992), S. 65; Ortmann et al. (1997b), S. 315.
[352] Vgl. Popper/Eccles (1982), S. 60ff.

Primärantrieben aufführen.[353] Welt 2 bezeichnet die „psychischen Zustände, einschließlich der Bewusstseinszustände, der psychischen Dispositionen und unbewussten Zustände"[354]. Sie umschreibt die Welt der Handlungen.[355] Welt 3 ist schließlich die der Erzeugnisse des menschlichen Geistes wie bspw. Theorien, soziale Einrichtungen, Kunstwerke und alle Formen von Regeln.[356]

> „Die Gegenstände der Welt 3 sind von uns selbst geschaffen, obwohl sie nicht immer Ergebnis planvollen Schaffens einzelner Menschen sind."[357]

Angewandt auf eine Organisation ist Welt 3 zu verstehen als der Ort der Kulturmuster und Strukturen in Form von Handlungs- und Spielregeln aller Art. Sie kann verstanden werden als die Welt der umfassenden kulturellen Handlungsprogramme, denen sich die Organisationsmitglieder bei ihren Handlungen bedienen.[358]

Hier lassen sich Popper, Coleman und Giddens verbinden: Kulturmuster bzw. Strukturen der Organisation (Welt 3) entstehen durch die Handlungen der Organisationsmitglieder (Welt 2) und deren fortgesetzte Interaktion und Kommunikation mit Bezug auf ihre vorsozialen Merkmale und Motive (Welt 1). Als Folgen von Handlungen entstehen Kulturmuster jedoch nicht immer geplant, sondern häufig als nicht-intendierte Ergebnisse. Die so entstandenen Strukturen wirken dann über Welt 2 wieder auf Welt 1 zurück und beeinflussen so das Handeln der Organisationsmitglieder. Somit besteht eine zirkuläre Abhängigkeit zwischen dem Handeln der Organisationsmitglieder (Mikroebene) und den Organisationsstrukturen bzw. den organisationalen Handlungsprogrammen (Makroebene). Diese Form der „kreativen Zirkelschlüsse" beinhaltet, dass zwei Ebenen innerhalb der Organisation unterschieden werden können, diese jedoch sehr eng miteinander verbunden sind.[359]

Was jedoch weder Giddens noch Popper erklären ist, *warum* bestimmte Kulturmuster bzw. Handlungsprogramme von den Organisationsmitgliedern angewandt werden. Die Programme der Organisation „gelangen nicht ohne weiteres und ohne soziale Vermitt-

---

[353] Zu den vorsozialen Merkmalen des Menschen und deren Einfluss auf dessen Handeln vgl. Kap. 2.1.2.3 und 4.2.1.
[354] Popper/Eccles (1982), S. 63.
[355] Vgl. Hennen/Springer (1996), S. 20.
[356] Vgl. Hennen/Springer (1996), S. 20.
[357] Popper/Eccles (1982), S. 64.
[358] Vgl. Hennen (2001), S. 168.
[359] Vgl. Hennen (1994c), S. 140. Der Begriff der kreativen Zirkelschlüsse wurde geprägt von Jean-Pierre Dupuy und Francisco Varela. Vgl. hierzu Dupuy/Varela (1991), S. 247.

lung in die Köpfe von Welt 2"[360] und somit in die der Organisationsmitglieder. Vielmehr funktioniert diese Vermittlung über fortgesetzte Interaktion und Kommunikation. Durch diese werden die mit den Programmen verbundenen Normen, Herrschaftsstrukturen und Sinnzusammenhänge vermittelt. Hennen ergänzt deshalb das Drei-Welten-Modell von Popper um eine zwischen Welt 2 und Welt 3 liegende Welt. Diese bezeichnet er als Welt 2/2 und verweist damit darauf, dass es sich um eine Vervielfältigung von Welt 2 handelt. Sie ist die Welt der sozialen Spiele und tatsächlichen Interaktionen, in der die Spiel- und Handlungsregeln der Welt 3 angewendet und gleichzeitig hervorgebracht sowie variiert werden.[361] Auf diese Weise verschmelzen die Motive der einzelnen Organisationsmitglieder mit den sozio-kulturellen Handlungsprogrammen der Organisation. Dabei binden sich die Handlungen der Organisationsmitglieder in der Interaktion durch Verwendung der organisationalen Regeln an die von der Organisation angebotenen Programme.

> „Der Programmbegriff soll verdeutlichen, dass es sich bei den kulturellen Steuerungsvorgängen um sehr komplexe Bündel von Angeboten handelt, welche vom Handelnden gar nicht zur Gänze durchschaut werden können, gleichzeitig aber ihre Hintergrundwirksamkeit haben."[362]

Entsprechend sind Programme externe Ressourcen, auf die die Organisationsmitglieder in ihren Handlungen zurückgreifen und die wiederum durch ihre Anwendung verändert und/oder bestätigt werden.[363] Der Welt der sozialen Beziehungen kommt also eine große Bedeutung zu, denn erst in sozialen Interaktionen finden Programme und die in ihnen formulierten Regeln Anwendung und erst dann kommt ihnen faktische Bedeutung zu.

---

360 Hennen (2001), S. 168.

361 Vgl. Hennen/Springer (1996), S. 20f; Hennen (2001), S. 169. Auf die Trennung in vorsoziale, soziale und kulturelle Voraussetzungen des Handelns wurde bereits in Kap. 2.1.2.3 verwiesen.

362 Hennen (1994b), S. 135. Hier zeigt sich die Ähnlichkeit zu Giddens, der auch davon ausgeht, dass viele Handlungen der Organisationsmitglieder auf praktischem, impliziten Wissen beruhen. Vgl. hierzu die Ausführungen in Kap. 3.1.1.

363 Auf die Bedeutung von Ressourcen für das Handeln der Organisationsmitglieder wurde bereits in Kap. 3.1.1 eingegangen.

4.2 Motivation als Bindung an organisationale Handlungsprogramme

Die Strukturmomente der Organisation – Herrschaftsstrukturen, Deutungsmuster, Legitimität durch normative Regeln sowie körperliche und charakterliche Prägung – wirken über Regeln und Ressourcen auf das Handeln der Organisationsmitglieder.[364] Die Mitglieder verfolgen persönliche Motive und Interessen, die sie in der Organisation mit Rückgriff auf die vorhandenen Regeln und Ressourcen erreichen wollen. Organisationen stellen entsprechend Handlungsprogramme zur Verfügung, welche von den Organisationsmitgliedern angenommen und verwendet werden sollen. Diese Handlungsprogramme sind darauf angelegt, den Bestand der Organisation zu sichern und bestimmte Funktionen für sie erfüllen. In den Handlungsprogrammen spiegeln sich in je spezifischen Ausprägungen die Strukturmomente der Organisation wider. Ein Handlungsprogramm beinhaltet dabei stets eine Herrschaftsstruktur und stellt verschiedene Ressourcen des Machthandelns zur Verfügung. Außerdem bestehen eine spezifische Kommunikationsstruktur und geteilte Bedeutungen sowie bestimmte Normen und Regeln, die mit dem Programm verbunden sind. Werden die Handlungsprogramme von den Mitgliedern angenommen, impliziert das die grundsätzliche Bereitschaft der Organisationsmitglieder, im Sinne des Programms und somit der Organisation zu handeln.[365] Programme sind also als Angebote für *Bindungen* zu betrachten.[366] Damit eine Organisation Bestand haben kann, ist es notwendig, dass die Organisationsmitglieder die Handlungsprogramme annehmen und sich somit an diese binden.

Zunächst soll nun näher auf die Motive der Organisationsmitglieder eingegangen werden, die diese innerhalb der Organisation verfolgen, da Motive die Bindungswilligkeit der Organisationsmitglieder in Bezug auf bestimmte Handlungsprogramme und die damit verbundenen Strukturen stark beeinflussen. Mit Blick darauf soll anschließend der Prozess der Bindung an die Handlungsprogramme dargestellt und dessen Nutzen für die Organisation näher aufgezeigt werden.

---

[364] Vgl. hierzu explizit die Ausführungen in Kap. 3.2 und 3.3.

[365] Vgl. ähnlich Kieffer (1994), S. 88.

[366] Vgl. Hennen (1994c), S. 149.

4.2.1 Die Motive der Organisationsmitglieder

Die Handlungen der Organisationsmitglieder sind, wie bereits erwähnt, stets an bestimmte persönliche Ziele und Interessen gebunden. Dabei werden solche Handlungsziele, die „in Form überdauernder und relativ konstanter Wertungsdispositionen vorliegen“[367] *Motive* genannt. Sie sind nicht gleichzusetzen mit den angeborenen, „primären Motiven“ in Form von biologisch-physiologischen Bedürfnissen eines Menschen, sondern vielmehr zu verstehen als „sekundäre Motive“.[368] Sie werden in der Sozialisation durch Lernprozesse herausgebildet[369] und sind verstehbar als Überformung der primären Motive.[370] Für das Handeln von Menschen im Verbund sind dabei die sozialen Motive von besonderer Bedeutung.

> „Soziale Motive liegen immer dann vor, wenn sie in sozialen Kontexten Bedeutung erlangen. (...) Soziale Motive werden also in Interaktionsbeziehungen aktiviert.“[371]

Als soziale Motive, die in der Organisation verwirklicht werden sollen, können bspw. das Leistungsmotiv, das Macht- und Kontrollmotiv sowie das Anschlussmotiv verbunden mit dem Bedürfnis nach sozialen Vergleichen angeführt werden.[372] Das Leistungsmotiv ist dabei als ein für Organisationen zentrales Motiv anzusehen. Leistungsverhalten ist dadurch charakterisiert, dass es mit Erfolg oder Misserfolg enden kann. Es werden dabei Motive für Erfolg und Misserfolg gesondert in Rechnung gestellt. Fischer/Wiswede trennen in das Motiv der Erfolgssuche und das der Misserfolgsmeidung. Entsprechend können Organisationsmitglieder unterschieden werden in eher Erfolgssucher und eher Misserfolgsvermeider. Erfolgssuchende Organisationsmitglieder werden am ehesten von Aufgaben mittlerer Schwierigkeit angereizt, da Aufgaben höherer Erfolgswahrscheinlichkeit als zu leicht und deshalb unattraktiv betrachtet werden. Aufgaben, die hingegen zu schwierig sind, finden sie aufgrund der geringeren Erfolgschancen als weniger anreizend. Daraus ließe sich folgern, dass erfolgsmotivierte

---

[367] Heckhausen (1989), S. 9.
[368] Vgl. Fischer/Wiswede (1997), S. 95.
[369] Vgl. Heckhausen (1989), S. 9f.
[370] Vgl. Fischer/Wiswede (1997), S. 95.
[371] Fischer/Wiswede (1997), S. 122.
[372] Vgl. Fischer/Wiswede (1997), S. 122ff. Diese sozialen Motive wirken nicht nur in Organisationen, sondern in allen Interaktionsbeziehungen. Da es in dieser Studie jedoch um Interaktionen in Organisationen geht, werden die sozialen Motive lediglich in Bezug auf die Organisation betrachtet. Neben diesen Motiven werden von Fischer/Wiswede noch Altruismus und Aggressivität als soziale Motive angeführt. Der Altruismus als vorsoziale Eigenschaft des Menschen wurde bereits in Kap. 2.1.2.3 eingeführt. Auch sind weitere Motive und Interessen der Organisationsmitglieder denkbar, auf die jedoch nicht weiter eingegangen werden soll, da für die Fragestellung gerade die sozialen Motive von besonderer Bedeutung sind.

Personen permanent genügend herausfordernde Aufgaben gestellt werden müssten, damit sie motiviert sind. Dies ist in der Organisationspraxis jedoch oftmals nicht möglich, da auch in gehobenen Stellungen Routineaufgaben zumindest zum Teil zur Tagesordnung gehören. Misserfolgsvermeider sind hingegen eher von leichten Aufgaben angetan, bei denen die Wahrscheinlichkeit eines Misserfolges sehr gering ist. Entsprechend sollten diesen andere Aufgaben zugewiesen werden, als erfolgssuchenden Organisationsmitgliedern.[373] Darauf sollte die Organisationsleitung bei dem Einsatz ihrer Mitglieder achten. Erfolgssuchende Mitglieder einer Organisation können bspw. sinnvoller in der strategischen Ebene eingesetzt werden, wohingegen Misserfolgsvermeider möglicherweise in der operativen Ebene eher ihr Leistungsmotiv erfüllen können. Eine fraglose Generalisierung ist jedoch nicht möglich, da stets die individuellen Motive und Fähigkeiten des einzelnen Organisationsmitgliedes zu berücksichtigen sind.
Neben dem Leistungsmotiv, ist das Macht- und Kontrollmotiv ihrer Mitglieder für Organisationen von besonderer Bedeutung. Dabei kann dieses instrumentell auf das Erreichen bestimmter Ziele wie bspw. Prestige und Geld zielen. Die Ausübung von Macht und Kontrolle kann jedoch auch als Selbstzweck verfolgt werden. Das Bedürfnis nach Macht ist dabei zu verstehen „als das Interesse, die Einflußmöglichkeiten auf das Verhalten einer anderen Person zu kontrollieren“[374]. Es wurde bereits dargestellt, dass jedes Handeln in Organisationen stets Machthandeln ist.[375] Auch wenn somit jedes Organisationsmitglied ständig unter Einsatz von Macht handelt, bedeutet das nicht, dass alle primär das Machtmotiv verfolgen.

Ein weiteres soziales Motiv, das in Organisationen zum tragen kommt, ist das Anschlussbedürfnis des Menschen. Der Mensch kann seine Identität nur in der Interaktion mit anderen ausbilden, was ihn zu einem sozialen Wesen macht.[376] Für das Anschlussbedürfnis werden verschiedene Gründe genannt[377], jedoch wird vielfach der Wunsch nach der Möglichkeit zu sozialem Vergleich als zentrale Wurzel dieses Motivs angenommen.[378] Der soziale Vergleich dient den Individuen zur Selbstverankerung in der

[373] Vgl. Fischer/Wiswede (1997), S. 124ff; Nick (1974), S. 44ff.
[374] Fischer/Wiswede (1997), S. 129.
[375] Vgl. hierzu Kap. 3.2.1.
[376] Vgl. die Ausführungen über die Notwendigkeit der Gemeinschaft anderer für den Menschen in Kap. 5.
[377] So nennen Fischer/Wiswede bspw. Flucht, Informationsbedürfnis, Wunsch nach Fluchtreduktion, sowie indirekte Fluchtreduktion als Gründe für das Anschlussbedürfnis (vgl. Fischer/Wiswede (1997), S. 128.). Darauf soll jedoch im folgenden nicht weiter eingegangen werden.
[378] Fischer/Wiswede (1997), S. 128ff.

sozialen Wirklichkeit.[379] Sie nehmen soziale Vergleiche vor, um ihre eigenen Fähigkeiten und Meinungen zu messen bzw. in eine Beziehung zu denen Anderer zu setzen[380]. Daraus folgt, dass gerade Situationen, in denen ein derartiger Vergleich möglich ist, attraktiv sind. Übertragen auf die Organisation bedeutet dies, dass das Organisationsmitglied durch die in der Organisation möglichen sozialen Vergleiche mit anderen eine Positionsbestimmung seiner selbst vornehmen kann.

Die hier genannten Motive sind bei den einzelnen Organisationsmitgliedern unterschiedlich stark ausgeprägt. Sie unterliegen zudem Schwankungen, d.h. es steht nicht immer das gleiche Motiv für ein Organisationsmitglied im Mittelpunkt. Nach Maslow kann man außerdem von einer Bedürfnishierarchie in Form einer Dringlichkeitsordnung ausgehen, die sich aus den unterschiedlichen Stadien der Bedürfnisbefriedigung ergibt.[381] Außerdem verfolgen die Mitglieder meist neben den hier genannten noch andere Motive und Interessen. Die obigen Ausführungen zielen entsprechend nicht darauf, eine umfassende Darstellung der Motivlage der Organisationsmitglieder zu geben, sondern wollen lediglich einige, in der Literatur als wichtig erachtete Motive näher beleuchten. Damit soll auf die Schwierigkeit aufmerksam gemacht werden, dass stets mehrere Motive verfolgt werden und insofern kein Patentrezept der Motivation vorhanden ist.

4.2.2 Motivation als Prozess der Bindung an organisationale Handlungsprogramme

Die Organisationsmitglieder treten also einer Organisation bei, um ihre persönlichen Motive zu verfolgen. Sie stehen im Vordergrund und es ist nicht möglich davon auszugehen, dass die Mitglieder fraglos die Ziele der Organisation annehmen und im Sinne dieser handeln. Sie tun dies nur, wenn sie sich davon erhoffen, dass diese Handlungen dazu dienen, ihre eigenen Interessen zu erfüllen. Generell werden Handlungen deshalb ausgeführt, weil sie die Selbstkonzepte der Handelnden bestätigen. Diese Selbstkonzepte drücken sich in den Zielen und Motiven der Handelnden aus. Steigt die Komplexität der Verhältnisse an, ist es nicht länger möglich, die zur Zielerreichung nötigen Handlungen und Kommunikationen zu überblicken. Eine derartige Situation findet sich

[379] Die Theorie der sozialen Vergleichsprozesse geht zurück auf Leon Festinger. Vgl. hierzu exemplarisch Festinger (1954).
[380] Vgl. Hoffman/Festinger/Lawrence (1954), S. 141 und S. 156.
[381] Vgl. hierzu Maslow (1989).

auch in Organisationen. Organisationen wurden definiert als hochgradig komplexe soziale Gebilde. Um Erfolg zu haben und ihren Bestand zu sichern, ist es für Organisationen nicht möglich, einzelne Handlungen einzusetzen, sondern es müssen vielmehr Bündel von Handlungen aktiviert werden.[382] Aus diesem Grund ist es notwendig, dass die Organisation bestimmte *Handlungsprogramme* anbietet, an die sich die Organisationsmitglieder binden können. Programme koordinieren Handlungen auf bestimmte Zielvorstellungen hin und stellen somit ein „gerichtetes Problemlösungsrepertoire" dar.[383] Sobald nun die Organisationsmitglieder ein bestimmtes Handlungsprogramm auswählen, weil sie sich davon eine Verbesserung ihrer Lebensvollzüge erhoffen, liegt *Programmbindung* vor. Da die Organisationsmitglieder das Programm, das sie verfolgen wollen, selbst auswählen, meint Bindung hier *Selbstbindung*.[384] Mit der Wahl eines Programms werden die Handlungen der Organisationsmitglieder auf die Ziele der Organisation ausgerichtet.

Um eine Programmbindung zu erreichen, ist es also nötig, dass die Programme von den Organisationsmitgliedern akzeptiert und internalisiert werden. Die Programme müssen verinnerlicht werden, was eine Eingliederung derselben in die Struktur der Persönlichkeit der Organisationsmitglieder erforderlich macht.[385] Eine bedeutende Rolle spielt dabei neben dem rationalen Interesse der Nutzenmaximierung die *affektive Orientierung* der Organisationsmitglieder. Affekte sind dabei zu verstehen als generelles Medium der Akzeptanz.[386]

> „Affekte stellen ein unspezifisches, diffuses Akzeptanzpotential für Programme dar, sie sind Lust/Unlust skaliert und können daher mit positiven wie negativen Besetzungen von Programmen über deren Schicksal entscheiden."[387]

Zudem haben Affekte die Eigenschaft, Bindungen sozial hervorzubringen, da neben den Programmen die Bindungen selbst affektwirksam sind.[388] Das bedeutet, es muss eine gefühlsmäßige Bindung zu einem Handlungsprogramm aufgebaut werden können, damit es Anwendung finden kann. Bei der Bindung an Programme werden demnach

---

[382] Vgl. Kieffer (1994), S. 88f.
[383] Vgl. Hennen (1994c), S. 158.
[384] Vgl. Hennen (1994b), S. 136f.
[385] Vgl. Parsons (1981), S. 39.
[386] Vgl. Hennen (1994c), S. 149f. Er bezieht sich hier auf Parsons, der Affekt als generelles Akzeptanzmedium einführte. Vgl. hierzu Parsons (1981), S. 39.
[387] Hennen (1994c), S. 150.
[388] Vgl. Hennen (1994c), S. 151.

Nutzenüberlegungen und Affekte der Organisationsmitglieder miteinander kombiniert. Beides muss angesprochen werden, damit ein Programm ausgewählt wird.

Gleichzeitig geht mit der Bindung ein Gefühl der Verpflichtung gegenüber dem Bindungsobjekt einher.[389] Ist ein Handlungsprogramm einmal ausgewählt und hat sich ein Organisationsmitglied dadurch daran gebunden, fühlt sich das Mitglied dazu verpflichtet, das Programm auch anzuwenden. Hier zeigt sich nun der Vorteil der Programmbindung für die Organisation: Es ist möglich, von den Organisationsmitgliedern Dinge zu verlangen, die sie aus eigenem Interesse nicht tun würden. Grundlage dafür ist die aus rationalen Überlegungen und affektiver Orientierung bestehende Bindungsbereitschaft der Organisationsmitglieder.[390]

> „Programmbindung verbindet aus der Sicht des Handelnden Nahziele mit Fernzielen, aus der Sicht des sozialen Systems öffentliche Güter mit privaten."[391]

Programmbindung ist also als zweiseitiger Vorgang zu verstehen. Auf der persönlichen Motivebene der Organisationsmitglieder (Mikroebene) müssen Programme sowohl als nützlich als auch als affektiv ansprechend angesehen werden. Um sozial existenzfähig zu sein (Makroebene), müssen sie jedoch darüber hinaus bereits Geltung besitzen und angewendet werden. Diese Anwendung erfolgt in der sozialen Interaktion und ist meist kommunikativ vermittelt. Haben sich auf diese Weise Motive an Handlungsprogramme gebunden, kann von *Motivation* gesprochen werden. Motivation ist ein aktivierender, energetisierender Prozess mit richtunggebender Tendenz.[392] Eine herausgebildete Motivationstendenz muss jedoch stets stabilisiert werden, um in Handlungen umgesetzt werden zu können.[393] Das genau meint Bindung an ein Programm. Auch Motivation ist entsprechend ein zweiseitiger Vorgang: Um Motivation zu erzeugen, müssen sowohl Motive als auch Programme vorliegen. Auch hier wird also die Mikro-Makro-Verknüpfung deutlich. Motive erzeugen erst in der Interaktion und Kommunikation die Handlungsprogramme und umgekehrt wirken diese auf die Motive zurück. Auch Motivation muss somit als kreativer Zirkel verstanden werden.[394]

---

[389] Vgl. Kieffer (1994), S. 89.
[390] Vgl. Kieffer (1994), S. 90.
[391] Vgl. Hennen (1994b), S. 137.
[392] Vgl. Fischer/Wiswede (1997), S. 94.
[393] Vgl. ähnlich Fischer/Wiswede (1997), S. 118 über die Gedanken von Heckhausen.
[394] Vgl. hierzu Hennen/Rein (1994), S. 229. Zu kreativen Zirkelschlüssen vgl. darüber hinaus die Ausführungen in Kap. 4.1.

Wichtig für die Organisation ist nun, dass Bindungen an Handlungsprogramme generalisiert werden. Das meint, dass möglichst viele Organisationsmitglieder durch ein und dasselbe Programm gebunden werden. Erst die Bindung an die Motive vieler Organisationsmitglieder ermöglicht die Inbetriebnahme eines Programmes.[395] Es ist nun zu trennen in individuelle Generalisierung der Motive und kollektive Generalisierung der Programme. Bei der *individuellen* Generalisierung führt der Weg von den Motiven zu den Programmen und es geht um die Frage, welches Programm von den Organisationsmitgliedern ausgewählt wird. Bei der *kollektiven* Generalisierung hingegen führt der Weg von den Programmen zurück zu den Motiven. Hier entscheidet sich nun, welches Programm in Gang gehalten und verändert wird und somit dauerhaft Geltung besitzt.[396] Auf diese Weise fließen soziale Erfahrungen in die individuellen Motive der Organisationsmitglieder ein, was bewirkt, dass auch diese nicht völlig konstant oder unabhängig von der sozialen Einbindung im Rahmen der Organisation sind.

> „So kann über die Verankerung von Motivationserfahrungen auf der Motivebene eine diffuse Anhänglichkeit zur Organisation entwickelt werden.“[397]

Es gibt verschiedene Dimensionen der Motivation, die eine Bindung an Handlungsprogramme begünstigen und eine Generalisierung bewirken. Zu nennen sind die persönliche, zeitliche, sachliche und soziale Dimension. Die persönliche Dimension meint, dass die Organisationsmitglieder etwas in Programmen Formuliertes so stark annehmen, dass sie es zu ihrer eigenen Sache machen. Sie identifizieren sich mit bestimmten Handlungen und bilden so eine Identität aus, die stets sozial vermittelt ist.[398]
Die zeitliche Dimension beinhaltet, dass die Organisationsmitglieder bereit sind, zugunsten ihrer Motivebene einen Belohnungsaufschub in Kauf zu nehmen. Dabei werden Nahziele mit Fernzielen verbunden. Auf die direkte Belohnung wird zugunsten der Verwirklichung eines Fernziels verzichtet. Diese beiden Ebenen bilden die Ebene der individuellen Generalisierung. Beide Dimensionen zielen darauf, dass sich das Organisationsmitglied mit Blick auf sich und seine Motive für ein Handlungsprogramm entscheidet. Die sachliche und soziale Dimension beziehen sich hingegen auf die Ebene der kollektiven Generalisierung. Ein Programm bindet dann sachlich, wenn es sich als fähig erwiesen hat, ein bestimmtes Problem zu lösen. Diese Überzeugung

---

[395] Vgl. Hennen/Rein (1994), S. 231.
[396] Vgl. Hennen/Rein (1994), S. 231.
[397] Kieffer (1994), S. 105.
[398] Zur Ausbildung der Identität vlg. die Ausführungen in Kap. 4.

muss kollektiv bestehen und basiert darauf, dass die Problemlösungskraft des Programms bereits mehrfach bewiesen wurde. Es besteht demnach Programmrationalität. Als Beispiel für eine derartige Generalisierung von Bindungen innerhalb von Organisationen kann das Verhalten der Organisationsmitglieder einer Produktion angeführt werden. Um ihr Soll zu erfüllen, haben die Organisationsmitglieder mehrere mögliche Handlungsprogramme zur Auswahl. Es wird das Handlungsprogramm Geltung erlangen, von dem sich die meisten eine Verbesserung ihrer Situation bspw. in der Form der zügigen Erledigung ihrer Aufgaben erhoffen. Als letzte Dimension ist die soziale anzuführen. Auch sie ist eine Form der kollektiven Generalisierung, bindet jedoch deshalb Programme, da diese bereits in der Organisation angenommen wurden. Das bedeutet, ein Programm wird von einem Organisationsmitglied deshalb gewählt, da es andere Organisationsmitglieder auch anwenden.[399]

Anhand des folgenden Schaubildes sollen die Zusammenhänge nochmals verdeutlicht werden.

Abbildung 4: Der kreative Zirkel der Motivation mit den Dimensionen der Bindung

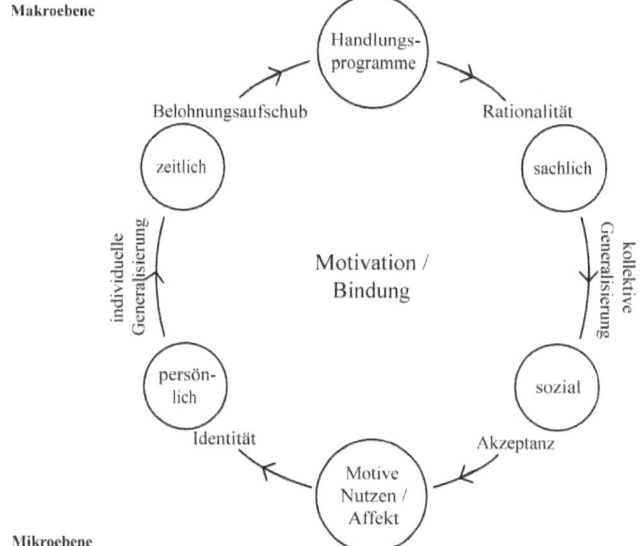

Quelle: Hennen/Rein (1994), S. 233.

[399] Vgl. Hennen/Rein (1994), S. 231ff.

Eine Programmbindung kann dabei auf allen vier Ebenen der Motivation vor sich gehen. Soll ein Programm auf Dauer Geltung erlangen, ist es erforderlich, dass diese Bindung auch tatsächlich in allen vier Dimensionen stattfindet. Nur so kann die Anwendung eines Handlungsprogramms stabilisiert werden.

Zusammenfassend lässt sich festhalten, dass Motivation in Organisationen dann zustande kommt, wenn die Motive der Organisationsmitglieder an die von der Organisation angebotenen Handlungsprogramme gebunden werden. Dabei verbinden sich Nutzenkalkül und affektive Orientierung der Organisationsmitglieder mit bereits vorhandenen Programmen. Das verdeutlicht, dass organisationale Geschehnisse zweistufig verlaufen:

> „Die Rahmenplanung entwirft Programme, die von den Teilnehmern ausgestaltet werden. (...) Die Motive der Teilnehmer sorgen durch Motivation für Programmbindung, woraus die gesamte Organisation entsteht."[400]

4.2.3 Motivation als knappes Gut

Motivation in Organisationen ist ein knappes Gut. Dafür gibt es mehrere Gründe: Sie ist zum einen deshalb knapp, da stets mehrere Handlungsprogramme um Annahme konkurrieren. Eine Bindung vieler Organisationsmitglieder an ein bestimmtes Handlungsprogramm wird somit unwahrscheinlich. Zum anderen ist durch die Kopplung an die Motivebene der Organisationsmitglieder eine generalisierte Bindung an ein Handlungsprogramm erschwert. Ein Organisationsmitglied verfolgt stets mehrere Motive, die zueinander in Konkurrenz stehen können.[401] Entsprechend ist es nicht dauernd das gleiche Motiv, das im Mittelpunkt des Interesses des einzelnen steht. Diese Tatsache muss vervielfacht gedacht werden, da es für Organisationen wichtig ist, dass ein und dasselbe Handlungsprogramm von *vielen* Organisationsmitgliedern angenommen wird. Erst dann kann von Geltung eines Programms gesprochen werden. Darüber hinaus kann ein und dasselbe Motiv an verschiedene Handlungsprogramme gebunden werden.

---

[400] Kieffer (1994), S. 109.

[401] Als Beispiel lässt sich hier das Sicherheitsbedürfnis des Organisationsmitgliedes anführen. Die Stelle, die es momentan bekleidet, bietet ihm möglicherweise finanzielle Sicherheit. Dieses Bedürfnis kann jedoch durch den gleichzeitig vorhandenen Wunsch, sich weiterzubilden und aus diesem Grund eine unsicherere Weiterbildungsmaßnahme anzunehmen, kollidieren. Die Weiterbildung verspricht ihm zwar langfristig möglicherweise wiederum mehr finanzielle Sicherheit, aber bis dahin kann diese stark eingeschränkt sein. Außerdem weiß das Organisationsmitglied nicht sicher, dass sich die Weiterbildung auch tatsächlich für ihn lohnt. Diese beiden Motive können also zueinander in Widerspruch stehen bzw. werden konjunkturell verfolgt werden.

„Motive sind soziologisch betrachtet Treibstoff für Motivationen. Und mit dem gleichen Treibstoff können, wie gesagt, sehr verschiedene Vehikel gefahren werden."[402]

Gerade aufgrund ihrer Knappheit wird Motivation zum Problem für Organisationen. Motivation muss entsprechend immer wieder neu hergestellt werden. Deshalb sollte eine Organisation die Motive ihrer Mitglieder stets hinterfragen und beobachten, um so „passende" Handlungsprogramme anbieten zu können, wenn sich die Motive verändern. Dazu eignen sich z.B. regelmäßig durchgeführte Mitarbeiterbefragungen.

Motive unterliegen Schwankungen, und es wird nicht zu jedem Zeitpunkt das gleiche Motiv bevorzugt verfolgt. Als Beispiel lässt sich das Motiv der Selbstverwirklichung anführen. Zu Zeiten der frühen Industrialisierung war dies kein Motiv, das für die Organisationsmitglieder im Vordergrund stand. Ihnen ging es um Existenzsicherung und Lebensunterhalt. In den letzten Jahren hat Selbstbestimmung jedoch große Bedeutung erlangt. Bei Berufstätigkeit geht es nicht mehr nur um Sicherung der Existenz, sondern zunehmend darum, sich selbst zu verwirklichen. Entsprechend wurde es für Organisationen sinnvoll, über die Gestaltung der Arbeitszeiten nachzudenken und Arbeitszeitmodelle sowie Führungskonzepte zu entwickeln, die diesem Motiv gerecht werden können.

4.2.4 Formen der Bindung in der Organisation

Bei der grundsätzlichen Betrachtung der Organisationsmitglieder und ihren Eigenschaften wurde bereits darauf hingewiesen, dass sie freiwillig in eine Organisation eintreten.[403] Daraus ergibt sich für die Organisation das Problem, dass sie ihre Mitglieder nicht zu einer dauerhaften Bindung zwingen kann. Einerseits verlangen Organisationen demnach Bindungsbereitschaft von ihren Mitgliedern, andererseits ist die Entscheidung über die Mitgliedschaft von Seiten der Individuen stets offen zu halten. Somit sind die Organisationsmitglieder zunächst nur an die mit der Mitgliedschaftsrolle verbundenen formalen Regelungen der Organisation gebunden.[404] Es wurde jedoch vielfach darauf hingewiesen, dass der organisationale Alltag nicht allein durch formale Strukturen geregelt werden kann. Diese erfüllen lediglich eine Teilfunktion. Gerade den informalen Abläufen kommt eine große Bedeutung zu, will eine Organisation Bestand haben.[405] Es

---

[402] Hennen (1990), S. 113.
[403] Vgl. Kap. 2.1.2.3.
[404] Vgl. Luhmann (1976), S. 35ff; Kieffer (1994), S. 113 sowie die Ausführungen in Kap. 2.1.2.3.
[405] Vgl. hierzu die Ausführungen in Kap. 2.1.2.2 und 2.2.1.

muss also Motivation bestehen, die über die formale Mitgliedschaft hinausgeht. Luhmann trennt Motivation deshalb in Teilnahme- und Leistungsmotivation. *Teilnahmemotivation* wird durch die vertraglich festgelegte Mitgliedschaft gesichert, wohingegen *Leistungsmotivation* im täglichen Kontakt zwischen Vorgesetzten und Mitarbeitern hergestellt wird. Die Teilnahmemotivation sichert lediglich die Bindung an die formalen Regeln und entsprechend kann die Organisation nur „Dienst nach Vorschrift" von ihren Mitgliedern erwarten. Das allein sichert jedoch noch nicht den Bestand einer Organisation. Dafür ist eine Motivation zur „möglichst guten täglichen Leistung"[406] nötig. Diese herzustellen ist als eines der größten Probleme der Organisation anzusehen, das nur schwer lösbar ist.[407]

Motivation, die über die bloße Teilnahmemotivation hinausgeht, kann nun nach Kieffer auf unterschiedlichen Ebenen hergestellt werden. Je nachdem, welche Motive durch ein Handlungsprogramm gebunden werden, kann sich die entstehende Motivation entweder auf das Individuum an sich, dessen Bedürfnis nach Interaktion oder die Erfüllung der formal an es gerichteten Erwartungen beziehen. Handlungsprogramme, die die Motivationsentstehung auf der Ebene des Individuums erreichen möchten, koppeln an die vom Organisationsmitglied erwünschten Aspekte der privaten Bedürfnisse. Soll die Bindung auf der Ebene der Interaktionen erreicht werden, werden Motive wie Bedürfnis nach Gemeinschaft und funktionierender Interaktion im Mittelpunkt stehen. Es werden entsprechend Handlungsprogramme benötigt, die die Gruppenorientierung der Organisationsmitglieder ansprechen. Darüber hinaus können Programme auch eine Motivation der Organisationsmitglieder erreichen, wenn sie sich primär auf formal formulierte Erwartungen beziehen. Beispielsweise kann Motivation bei einem Organisationsmitglied erzeugt werden, wenn seine Leistungen anerkannt werden und die an seine Stelle gebundenen Rechte auch wahrgenommen werden können. In diesem Fall beziehen sich Handlungsprogramme zum Beispiel auf die offizielle Aufgabenverteilung in der Organisation sowie Mitgliedsrechte und -pflichten.[408]

Handlungsprogramme müssen entsprechend auf die einzelnen Motive „zugeschnitten" sein, damit sie motivierend wirken und Geltung erlangen können. Auf je mehr Ebenen eine Bindung vollzogen wird, um so stärker kann ein Organisationsmitglied motiviert sein, in einer bestimmten Organisation zu verbleiben, da mehrere seiner Motive in die-

---

[406] Luhmann (1976), S. 104.
[407] Vgl. Luhmann (1976), S. 104.
[408] Vgl. Kieffer (1994), S. 127ff.

ser erfolgreich verfolgt werden können. Eine Organisation muss demnach in der Lage sein, Handlungsprogramme anzubieten, die möglichst viele Motive vieler Mitglieder binden können. Ist sie das, ist es wahrscheinlicher, dass die Mitglieder sich in Form einer unbestimmten Anhänglichkeit an die Organisation als Ganzes gebunden fühlen. Gerade diese Form der Bindung ist von besonderer Bedeutung für die Organisation, weshalb im folgenden darauf näher eingegangen wird.

4.2.5 Folgebereitschaft als besondere Form der Motivation in Organisationen

Um nun den Erhalt der Organisation zu sichern, ist es nicht genug, dass die Organisationsmitglieder sich zur Befriedigung ihrer persönlichen Bedürfnisse an Programme binden. Aus diesem Grund sind an ein Handlungsprogramm jeweils Pflichten zur Übernahme formaler Rollen und bestimmter Arbeitsinhalte geknüpft, die bestmöglich erfüllt werden sollen. Das kann zunächst über Belohnungssysteme erreicht werden: Es werden Gehälter gezahlt, Lob wird ausgesprochen oder andere Formen der Belohnung für die Erfüllung der Pflichten ausgeteilt. Belohnungssysteme wirken jedoch nur so lange, wie die Erbringung der Leistung kontrolliert werden kann. Ist dies nicht der Fall, besteht die Gefahr, dass die Mitglieder nicht mehr vollen Einsatz bringen und nur noch „Dienst nach Vorschrift“ tun. Belohnungssysteme sind demnach an funktionierende und erschöpfende Kontrollsysteme gebunden. Eine umfassende und dauerhafte Kontrolle ist jedoch in Organisationen nicht möglich.[409] Deshalb ist es nötig, „daß Akteure ein eigenes Interesse an der bestmöglichen Erfüllung der Formalisierungsrollen entwickeln“[410]. Entsprechend ist es auch bezüglich der formalen Positionen und Rollen notwendig, dass die Organisationsmitglieder eine affektive Bindung an die damit verbundenen Handlungsprogramme entwickeln. Mit der Zuweisung von Rollen werden Forderungen an das Organisationsmitglied gestellt, die es durch sein Verhalten erfüllen soll. Das Organisationsmitglied verbindet mit diesen Rollen jedoch die Erwartung, dass sie seine persönlichen Motive befriedigen.[411] Auf diese Weise kann eine Motivation entstehen, die über die bloße Teilnahmemotivation hinausgeht. Senge spricht in diesem Zusammenhang von „echter Einwilligung“ bzw. „Teilnehmerschaft“. Unter „echter Einwilligung“ versteht er, dass ein Organisationsmitglied alles tut, was von ihm erwartet wird und noch mehr. „Teilnehmerschaft“ ist für ihn eine noch stärkere

[409] Vgl. Kieffer (1994), S. 139f.
[410] Kieffer (1994), S. 140.
[411] Vgl. Nick (1974), S. 94.

Ausrichtung an den Organisationszielen.[412] Beides beruht dementsprechend auf Motivation, die über die durch formale Mitgliedschaft festgelegte hinausgeht.

> „Erst die Annahme einer auch affektiven Bindung an die Organisation macht deutlich, warum (..) Manager (...) bemüht sind, situative Probleme bestmöglich zu lösen."[413]

Hat eine solche Verankerung der formalisierten Rollen und der damit verbundenen Handlungserwartungen in Form von affektiver Bindung stattgefunden, kann von *Folgebereitschaft* oder *Loyalität* gesprochen werden.[414] Für diesen Zusammenhang wird auch der Begriff des *Commitment* gegenüber von Organisationen verwendet.[415] Folgebereitschaft äußert sich in einer „unspezifischen diffusen Bereitschaft, gerade in dieser speziellen Organisation Motivationen zu entwickeln"[416] in Form von „unspezifischer Systemloyalität"[417] und meint eine erhöhte affektive Bereitschaft, Handlungsprogramme im Sinne der Organisation zu binden. Erst wenn Folgebereitschaft besteht, ist es möglich,

> „daß als Nebenprodukt von Bedürfnisbefriedigung der Akteure auch Programme gebunden werden, die weder mit der eigenen Person, noch mit den Belangen der eigenen Gruppe zu tun haben; Programme also, deren einziger Sinn darin besteht, daß sie offensichtlich für den Bestand der Organisation von Bedeutung sind"[418].

Folgebereitschaft ist jedoch nicht manipulativ von Seiten der Organisation erzeugbar, sondern basiert auf tatsächlich erbrachten Leistungen.[419] Sie wird frei gewählt und im Endeffekt kann die Organisationsleitung nichts tun, um Folgebereitschaft bei den Organisationsmitgliedern zu erzwingen.[420] Die Organisationsleitung kann lediglich versuchen, Handlungsprogramme zu formulieren, von denen die Organisationsmitglieder annehmen, dass sie für die Verfolgung ihrer persönlichen Motive nützlich sein können, um so einer Entwicklung der Folgebereitschaft indirekt Vorschub zu leisten.[421] Folgebereitschaft basiert auf Vertrauen in die Organisation und die anderen Organisations-

---

[412] Vgl. Senge (1996), S. 268ff. Er unterscheidet noch weitere Formen der Einwilligung in die Organisationsziele und die damit verbundenen Handlungsprogramme. Vgl. Senge (1996), S. 267-273.
[413] Kieffer (1994), S. 140.
[414] Die beiden Begriffe werden im Folgenden synonym verwendet.
[415] Vgl. Moser (1996), S. VIII. Das Commitment der Mitglieder einer Organisation wird bspw. von Infratest Burke mittlerweile in vielen Organisationen erhoben, um die Bindungsstärke der Organisationsmitglieder an die Organisation zu ermitteln. Vgl. hierzu http://www.nfoeurope.com/ib/flash_home.cfm?lan=en.
[416] Kieffer (1994), S. 141.
[417] Krieger (1983), S. 256 zit. nach Kieffer (1994), S. 141.
[418] Kieffer (1994), S. 142.
[419] Vgl. Narr/Offe (1975), S. 35.
[420] Vgl. Senge (1996), S. 273.
[421] Vgl. Kieffer (1994), S. 147.

mitglieder. Organisationale Vertrauensbeziehungen dienen dabei als Mittel zur Erreichung bestimmter Ziele, weshalb von „institutionalisiertem Vertrauen“[422] gesprochen werden kann. Dieses baut auf das Vorhandensein generalisierter Erwartungen, die das Verhalten einzelner stützen und leiten. Zeigt ein Organisationsmitglied Vertrauen, kann dies die vertrauensvolle Zusammenarbeit anderer Organisationsmitglieder anregen.[423]

Loyale Mitglieder sind also von entscheidender Bedeutung für eine komplexe Organisation. Sie werden die Organisation zu ihrer „eigenen Sache machen“. Wird nun die Organisation für die Verfolgung außerorganisatorischer Interessen genutzt, ist dieses Verhalten illoyal. In einem solchen Fall liegt *Ausbeutung* der Organisation vor. Dabei werden Loyalitäten gegenüber Anderen bedient – seien das andere Organisationen, Personen, Verbände oder Gruppen. Die Organisationsmitglieder binden sich dann bezüglich anderer, organisationsexterner langfristiger Bindungen an die organisationalen Handlungsprogramme. Bei „Ausbeutern“ ist zu erwarten, dass sie die Organisation verlassen, sobald ihren externen Interessen nicht mehr entsprochen wird. Das bedeutet, dass auf Krisen der Organisation vermehrt mit Abwanderung von derselben reagiert wird, was den Bestand einer Organisation massiv gefährden kann.[424]

Eine Organisation ist entsprechend erst dann stabil, wenn ihre Mitglieder aufgrund gelungener Bedürfnisbefriedigung Folgebereitschaft gegenüber der Organisation entwickeln. Es wurde gesagt, dass „Ausbeuter“, die unzufrieden mit der Organisation sind, weil möglicherweise ihren externen Interessen nicht mehr entsprochen wird, aus der Organisation abwandern. Was aber tun loyale Mitglieder bei Nachlassen der Leistungsfähigkeit der Organisation bezüglich der Erfüllung ihrer persönlichen Interessen? Sollen sie auf Abwanderung verzichten, müssen andere Möglichkeiten zur Reaktion darauf bestehen. Es muss die Gelegenheit geben, die organisationalen Handlungsprogramme zu verbessern und neu zu gestalten. Dafür ist es notwendig, dass sie ihren möglichen Unmut ausdrücken, Programme kritisieren und schließlich auch ablehnen können.[425] Einer funktionierenden Kommunikation mit aus dieser resultierenden Verständigung kommt entsprechend eine große Rolle bezüglich der Entstehung und Aufrechterhaltung von Folgebereitschaft zu.

---

[422] Vgl. Hahne (1997), S. 226.
[423] Vgl. Hahne (1997), S. 226f.
[424] Vgl. Kieffer (1994), S. 144f. Zum Phänomen der Abwanderung vgl. bspw. Hirschman (1974).
[425] Vgl. Kieffer (1994), S. 147f.

4.3 Kommunikation und ihre Bedeutung für die Folgebereitschaft der Organisationsmitglieder

Folgebereitschaft wird also dadurch hervorgerufen, dass Organisationsmitglieder die Organisation als Programm annehmen.[426] Eine besondere Bedeutung kommt dabei der Kommunikation zu. Dies soll nicht bedeuten, dass Motivationen ausschließlich durch Kommunikationen hergestellt werden. Auch andere Mittel, wie bspw. Belohnungssysteme können, wie bereits erwähnt, motivierend wirken.[427] Diese Studie beleuchtet jedoch, ob und wie Kommunikation Motivation in Organisationen erzeugen kann. Aus diesem Grund wird auf weitere motivierend wirkende Mittel, wie z.B. betriebliche Altersvorsorge oder andere soziale Leistungen nicht näher eingegangen.

Kommunikationen können nun auf verschiedene Weise motivierend wirken. Zum einen werden Handlungsprogramme und ihre Strukturen zu einem großen Teil durch Kommunikationen erzeugt. Sie entstehen durch fortgesetzte Interaktion und das kommunikative Handeln der Organisationsmitglieder. Außerdem sind mit Handlungsprogrammen stets bestimmte kommunikative Gattungen und Kommunikationsstrukturen verbunden. Wird ein Programm angenommen, werden bestimmte Kommunikationen wahrscheinlich, die für den Erhalt der Organisation wichtig sind. Das bedeutet, mit der Bindung an ein Handlungsprogramm bindet sich das Organisationsmitglied gleichzeitig an bestimmte Kommunikationsstrukturen, -voraussetzungen und -wege, die in ihrer Anwendung die Organisation stützen sollen. In diesem Fall wirken die mit dem Handlungsprogramm verbundenen Kommunikationen motivierend. Beispielsweise könnten die mit einem Programm 1 verbundenen Kommunikationen motivierender wirken, als die eines Programms 2, was eine erhöhte Bindungsbereitschaft der Organisationsmitglieder an Programm 1 zur Folge haben kann.

Kommunikationen können aber auch auf eine andere Weise Folgebereitschaft herstellen: Es wurde gesagt, dass loyale Mitarbeiter bei Verschlechterung der Leistungsfähigkeit der Organisation mit Blick auf ihre persönlichen Interessen weniger schnell dazu tendieren, aus einer Organisation abzuwandern. Dies ist jedoch nur der Fall, wenn sie anderweitig ihren Unmut darüber ausdrücken können, sprich diesen mitteilen können. Das bedeutet, sie müssen die Möglichkeit haben, einem Handlungsprogramm zu wi-

[426] Vgl. Kieffer (1994), S. 139.
[427] Vgl. hierzu Kap. 4.2.5.

dersprechen.[428] Auch und gerade im Konfliktfall ist Kommunikation notwendig, damit die Folgebereitschaft der Organisationsmitglieder erhalten bleibt. Nur, wenn eine Rückmeldung der Organisationsmitglieder erfolgen kann und diese sich in ihrer Kritik ernst genommen fühlen, kann im Konfliktfall Folgebereitschaft erhalten werden.[429] Ist dies nicht der Fall, besteht die Gefahr, dass die Folgebereitschaft nicht länger erhalten bleibt und auch ehemals loyale Organisationsmitglieder die Organisation verlassen. Selbst wenn nicht gleich Abwanderung folgt, ist „innere Kündigung“ nicht unwahrscheinlich. In diesem Fall sind die Organisationsmitglieder nicht mehr gewillt, Aufgaben, die über den „Dienst nach Vorschrift“ hinausgehen, auszuführen.[430] Eine Bindung an die organisationalen Handlungsprogramme, die die Teilnahmemotivation übersteigt, besteht dann nicht mehr. Mittels ihrer kommunikativen Handlungen können die Organisationsmitglieder jedoch der Organisationsleitung anzeigen, welche Motive für sie zentral sind. Das macht eine Anpassung der Handlungsprogramme und ihrer Strukturen daran zumindest möglich. Die Frage, ob eine Umsetzung davon auch tatsächlich stattfindet, ist eine andere.

Auf diese Weise können die Programme der Organisation mit den Motiven der Organisationsmitglieder „abgestimmt“ werden, was wiederum Folgebereitschaft erzeugen bzw. diese stabilisieren kann. Ein Mittel dafür könnte bspw. das Mitarbeitergespräch sein. Dies kann standardisiert erfolgen[431] oder auch als Gespräch zwischen dem einzelnen Organisationsmitglied und seinem jeweiligen Vorgesetztem. Dem Face-to-Face-Gespräch ist jedoch der Vorzug zu geben, da in der direkten Kommunikation die Affektbindung stärker angenommen wird. Das Mitarbeitergespräch dient der Verbesserung des Verhältnisses zwischen Mitarbeiter und Vorgesetztem und soll Offenheit sowie gegenseitiges Verständnis fördern und die Zusammenarbeit erleichtern.[432] Ein wichtiges Mittel des Mitarbeitergesprächs ist die Zielvereinbarung. Zielvereinbarungsgespräche können motivierend wirken und Folgebereitschaft erzeugen. In diesen Gesprächen haben die Organisationsmitglieder die Möglichkeit, die Interessen und Motive, die für sie zur Zeit prioritär sind, mit denen der Organisation abzustimmen und zusammen mit ihren Vorgesetzten eine Strategie zu entwickeln, wie diese umsetzbar sind.[433] Durch klare Absprachen können die Mitarbeiter die an sie gerichteten Erwar-

[428] Vgl. Hirschman (1974), S. 67.
[429] Vgl. ähnlich Kieffer (1994), S. 149ff.
[430] Vgl. zum Phänomen der inneren Kündigung bspw. Hilb (1992a).
[431] Vgl. zur standardisierten Mitarbeitergespräch Hilb (1992b), S. 53ff.
[432] Vgl. Mentzel et al. (2000), S. 10.
[433] Vgl. Mentzel et al. (2000), S. 51.

tungen gut erkennen. Darüber hinaus können sie bei festgelegten Zielen Autonomieräume und Selbstbestimmungspotenziale in Bezug auf die Wege der Zielerreichung beanspruchen.[434]

In Zusammenhang mit der Äußerung des Unmuts über Handlungsprogramme kommt den informalen Gesprächen mit Kollegen eine große Bedeutung zu. Diese können bspw. eine Ventilfunktion übernehmen. Allein durch ein „Sich-Luft-Machen" und die Äußerung negativer Gefühle kann möglicherweise Folgebereitschaft stabilisiert werden.[435] Gelungene Kommunikation im Sinne von Verständigung und einem daraus möglicherweise resultierenden Gefühls des Verstandenwerdens auf Seiten der Organisationsmitglieder, kann die Bereitschaft derselben steigern, sich an ein Handlungsprogramm und somit auch an die Organisation zu binden. Dafür ist entsprechend notwendig, zu kommunizieren, was dieses Handlungsprogramm beinhaltet, sprich woran sich das Organisationsmitglied bindet, wenn es das Programm annimmt. Auf diese Weise wird der Verhaltensspielraum des Organisationsmitgliedes so eingegrenzt, dass es weiß, wie es sich zu verhalten hat.[436] Durch die Möglichkeit Informationen weiterzugeben, kann das Mitglied darüber hinaus sozialen Einfluss ausüben. Es kann durch sein kommunikatives Handeln die Wahrnehmungen und Kognitionen seines Gegenübers so beeinflussen, dass diesem bestimmte Verhaltensweisen als besonders wünschenswert, andere als völlig abwegig erscheinen.[437] Dies vermag bspw. die Expertenmacht zu erklären.[438]

Auch für den Prozess der Bindung an sich ist Kommunikation von entscheidender Bedeutung. Bindung erfolgt nicht im luftleeren Raum, sondern, wie bereits gezeigt, häufig aufgrund der Orientierung an anderen. Interaktion und Kommunikation erzeugen durch geteilte Deutungsmuster Gemeinschaftsgefühl. „Erfolgreiche" Kommunikation im Sinne von Verständigung stärkt das Gefühl der Zusammengehörigkeit und die Solidarität zwischen den Organisationsmitgliedern.[439] Das wiederum wirkt sich positiv auf die Folgebereitschaft aus, da die affektive Bindung an die anderen Organisationsmitglieder höher ist. Hier wird die soziale Dimension der Bindung angesprochen: Binden sich Menschen, denen sich ein Organisationsmitglied verbunden fühlt, an ein bestimm-

[434] Vgl. Breisig (2001), S. 302ff.
[435] Vgl. ähnlich die Ausführungen in Kap. 3.3 bezüglich der Wirkungen von negativen Gefühlen.
[436] Vgl. Nick (1974), S. 125.
[437] Vgl. Nick (1974), S. 126.
[438] Vgl. hierzu die Ausführungen in Kap. 3.2.1.
[439] Vgl. hierzu die Ausführungen in Kap. 2.2.3.

tes Handlungsprogramm, kann dies dazu führen, dass das Organisationsmitglied dieses gleichfalls annimmt. Außerdem führen Verständigung und affektive Bindung zu besserer Informiertheit und reibungsloserem Informationsfluss. Dies hat wiederum eine befriedigendere Aufgabenbewältigung zur Folge, was motivierend wirkt und Folgebereitschaft erzeugen kann. Bessere Informiertheit kommt zusätzlich dem individuellen Geltungsstreben entgegen, da es als statusaufwertend empfunden wird. Leistungs- und lernmotivierte Organisationsmitglieder können außerdem den Erwerb neuen Wissens durch Kommunikation als wesentlichen Beitrag zur Persönlichkeitsentfaltung sehen.[440] Für die Erzeugung und Sicherung von Folgebereitschaft ist also eine affektive Bindung an die Organisation notwendig. Diese wird durch gelungene Kommunikation verstärkt. Dabei spielt gerade auch informale Kommunikation eine große Rolle. Neben der bereits angesprochenen Ventilfunktion, kann informale Kommunikation die affektive Bindung an eine Organisation bzw. Teile davon wie bspw. die Abteilung in der man arbeitet, verstärken, da sie Gemeinschaftsgefühl hervorrufen kann. Informale Kommunikation stellt, wie erwähnt, eine größere Nähe zwischen den Organisationsmitgliedern her, was eine Reihe sozialer Bedürfnisse befriedigt, wozu formale Kommunikation nicht in dem Maße in der Lage ist.

Kommunikation kann jedoch auch negative Auswirkungen auf die Folgebereitschaft der Organisationsmitglieder haben. So können durch informale Kommunikation wie bspw. Klatsch oder Mobbing einzelne Organisationsmitglieder ausgegrenzt werden, was deren Loyalität schwächen kann. Auch ist denkbar, dass durch informale Kommunikation das Private gegenüber den organisationalen Aufgaben und Pflichten in den Vordergrund rückt. In diesem Fall wäre wiederum lediglich mit „Dienst nach Vorschrift“ zu rechnen, da das eigentliche Motiv des Organisationsmitgliedes darauf gerichtet ist, sein persönliches Interesse an informaler Kommunikation mit seinen Kollegen zu befriedigen. Der formale Informationsfluss erfährt bei Verwendung formaler Kommunikationswege für informale Inhalte zwangsläufig Verzögerung. Dies könnte mit Bezug auf die vorhergehenden Ausführungen als Ausbeutung bezeichnet werden.[441] Auch hier tritt entsprechend die Ambivalenz informaler Kommunikation wieder zutage: Einerseits ist sie in der Lage, Folgebereitschaft hervorzurufen und zu sichern, da sie Gemeinschaftsgefühl und affektive Bindungen erzeugt. Andererseits kann sie

[440] Vgl. Nick (1974), S. 125.
[441] Vgl. Kap. 4.2.5.

auch dysfunktionale Folgen für die Organisation haben, da sie Folgebereitschaft schwächen und demotivierend wirken kann.[442]

Grundsätzlich ist also anzumerken, dass der Kommunikation ein bedeutender Einfluss auf Motivation zukommt. Dem Versuch, durch kommunikative Handlungen neue Alternativen bspw. bei der Gestaltung von Handlungsprogrammen durchzusetzen, stehen jedoch Schwierigkeiten entgegen. Wird ein Handlungsprogramm bzw. dessen strukturelle Merkmale von der Organisation abgeändert, müssen Präferenzen und Gewohnheiten der Organisationsmitglieder durchbrochen werden, damit diese Änderungen auch angenommen werden.[443] Gleiches gilt für die Organisationsleitung. Auch wenn von Seiten der Organisationsmitglieder die Handlungsprogramme oder deren Strukturen kritisiert werden und das darauf zielt, eine Änderung der Programme herbeizuführen, muss mit Widerstand – diesmal von Seiten der Organisation(sleitung) – gerechnet werden. Kooperative Formen der Kommunikation können dem zum Teil entgegen wirken. Sie sind in der Lage, Übereinstimmungen zu schaffen und Handlungspotenziale zu eröffnen.[444] Vertrauen, Offenheit und Respekt sind dabei wichtige Elemente einer funktionierenden Kommunikation zwischen Vorgesetzten und Mitarbeitern. Bestehen sie, kann es bei den Organisationsmitgliedern zu höherer Arbeitszufriedenheit und engerer Bindung an die Handlungsprogramme der Organisation kommen.[445] Sie sind also in der Lage, motivierend zu wirken und den Bestand der Organisation zu sichern. Kommunikationsoffenheit ermöglicht so einerseits Problemlösungen, kann andererseits jedoch auch konfliktverschärfend wirken, da sich die Gesprächspartner der zwischen ihnen bestehenden Unterschiede stärker bewusst werden.

4.4 Zusammenfassung

Motivation im Sinne von Folgebereitschaft wurde als Treibstoff der Organisation bezeichnet. Sie ist unverzichtbar, will eine Organisation Bestand haben. Nur durch Motivation ist es möglich, die Organisationsmitglieder längerfristig an die Organisation zu binden und neben bloßer Teilnahme am organisationalen Geschehen auch Leistungsbereitschaft zu sichern. Folgebereitschaft ist jedoch stets als knappe Ressource anzusehen, da sowohl verschiedene Handlungsprogramme als Bindungsobjekt zur Verfügung

---

[442] Vgl. auch Kap. 2.2.3.
[443] Vgl. Nick (1974), S. 126.
[444] Vgl. Hartig (1997), S. 42.
[445] Vgl. Funke-Welti (2000), S. 41.

stehen, als auch mit Abwanderung zu rechnen ist. Motivation und Folgebereitschaft entstehen in der Interaktion der Organisationsmitglieder – sprich auf der sozialen Ebene. Die Organisationsmitglieder verfolgen persönliche Motive unter Maßgabe von Nutzenüberlegungen. Zusammen mit emotional-affektiver Orientierung binden sich diese in der Interaktion an die organisationalen Handlungsprogramme, die von ihnen persönlich ausgestaltet werden. Entsprechend ist Motivation als zweiseitiger Prozess anzusehen, der Mikro- und Makroebene miteinander verknüpft. Nutzenüberlegungen und Affekt des Organisationsmitgliedes (Mikroebene) verbinden sich mit organisationalen Handlungsprogrammen (Makroebene), da sich das Organisationsmitglied von der Annahme dieser eine Erfüllung seiner Bedürfnisse erhofft.

Die Fragestellung lässt sich anhand des folgenden Schaubildes nochmals verdeutlichen:

Abbildung 5: Erklärung des Bestands der Organisation unter Rückgriff auf das Mehrebenenmodell nach Coleman

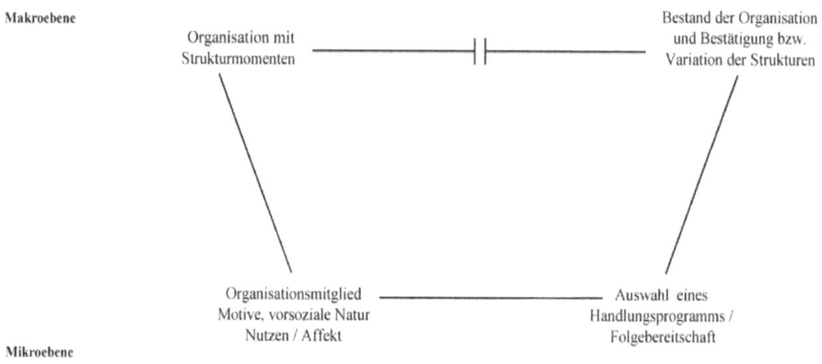

Ausgehend von den Strukturmomenten der Organisation kann der Organisationsbestand nur über das Selbstinteresse der Organisationsmitglieder erklärt werden. Diese binden sich an organisationale Handlungsprogramme, wodurch Folgebereitschaft entsteht. Die kollektive Generalisierung derselben trägt schließlich zur Bestandssicherung der Organisation bei.

Eine besondere Stellung für die Motivation der Organisationsmitglieder nimmt dabei die Kommunikation ein. Nicht nur in Bezug auf die Handlungskoordination der Organisationsmitglieder spielt sie eine große Rolle für die Entstehung des Gemeinschaftsgefühls derselben. Sie bindet die Organisationsmitglieder in das soziale Geschehen ein und wirkt so integrierend.[446] Gerade dem Gemeinschaftsgefühl kommt eine große Bedeutung bezüglich der Bindungswilligkeit der Organisationsmitglieder zu. Aus diesem Grund wird nun auf dieses und die in Organisationen stattfindenden Gruppenprozesse eingegangen. Die organisationalen Gruppen werden beleuchtet und das Team als eine Form der Gruppe eingeführt, dem in Hinblick auf die Erzeugung von Folgebereitschaft eine besondere Rolle zukommt.

[446] Vgl. hierzu Kap. 2.2.3.

5 Gemeinschaftsgefühl in der Organisation

Der Mensch ist ein soziales Wesen, was sich darin ausdrückt, dass er seine Identität nur in der Gemeinschaft ausbilden kann. Auch Kommunikation und Sprache entwickeln sich nur mit Bezug auf andere. Erst in der Spiegelung im Anderen ist es möglich, ein Selbst auszubilden. Dieses Selbst entsteht in der Sozialisation durch andere, die Ausrichtung an den Handlungserwartungen der Interaktionspartner und die Internalisierung der in einer Gemeinschaft geltenden Normen und Regeln. Das bedeutet, dass die Rückwirkung der sozialen Umgebung einen gravierenden Einfluss auf die Formulierung des Selbst hat. Es besteht entsprechend eine unauflösliche Wechselwirkung zwischen Individuum und Gesellschaft.[447] Es findet eine Integration beider in Form einer „Hereinnahme des gesellschaftlichen Prozesses in das Individuum"[448] statt. Diese Wechselwirkung wurde bereits für Organisationen und ihre Mitglieder aufgezeigt. Auch hier besteht eine reziproke Beeinflussung zwischen den einzelnen Organisationsmitgliedern und den organisationalen Strukturen bzw. Handlungsprogrammen. Die Strukturen entstehen aus der andauernden Interaktion individuell motivierter Organisationsmitglieder und wirken auf diese als Handlungserwartungen zurück. Auf diese Weise formt die Organisation einen Teil der Identität ihrer Mitglieder.

Die soziale Natur des Menschen wird besonders deutlich in seinen sozialen Motiven. Diese können nur in der Interaktion, sprich in einer Gemeinschaft oder Gruppe verfolgt und befriedigt werden. Gemeinschaft meint dabei einen Zustand der gefühlsmäßigen Zugehörigkeit zu einem angebbaren Personenkreis und beruht auf Neigung und Vertrauen.[449] Diese Form der Verbundenheit besteht vor allem innerhalb von Primärgruppen. Dabei handelt es sich um Kleingruppen, „die durch relativ stabile, persönliche, vertrauensvolle, intime und gefühlsgeladene Beziehungen sowie durch direkte Kommunikation zwischen den Gruppenangehörigen gekennzeichnet sind"[450]. Meist ist das Gemeinschaftsbewusstsein und -gefühl stark ausgeprägt und beeinflusst in hohem Maße das Verhalten der Gruppenmitglieder. Durch gegenseitige Beeinflussung bilden sich gemeinsame Auffassungen, Normen, Handlungs- und Verhaltenserwartungen heraus.[451] Zwischen den Gruppenmitgliedern besteht eine enge Bindung und sie richten ihr Verhalten aneinander aus. Dem Gemeinschaftsgefühl kommt eine bedeutende Rolle

---

[447] Vgl. Fischer/Wiswede (1997), S. 332ff.
[448] Mead (1995), S. 230. Vgl. zu diesem Prozess explizit Mead (1995), S. 230-235.
[449] Vgl. ähnlich Hillmann (1994), S. 268.
[450] Hillmann (1994), S. 690.

dahingehend zu, wie sich das Individuum in seiner konkreten Situation zu seiner Umgebung stellt. Fühlt sich das Individuum seiner Umgebung verbunden, steigt seine Toleranz und die Fähigkeit, die Missstände des Lebens in Kauf zu nehmen. Das bedeutet, bestehende Probleme werden angegangen und der einzelne versucht, gemeinsam mit den anderen die Schwierigkeiten zu bewältigen.[452] Eine mangelnde Verbindung in Form von nicht vorhandenem oder zu schwach ausgeprägtem Gemeinschaftsgefühl verstellt die Sicht für die persönlichen Möglichkeiten des Einzelnen und die sachlichen Anforderungen. Das Gemeinschaftsgefühl ermöglicht demnach die Lebensbewältigung, da es das Individuum dazu befähigt, durch Kooperation Probleme zum Nutzen der Gemeinschaft zu lösen. Außerdem ist es dem Individuum erst in der Gemeinschaft möglich, seine sozialen Motive zu verwirklichen.[453]

Dem Gemeinschaftsgefühl und der Verbundenheit mit anderen kommt also eine große Bedeutung bezüglich der Problemlösungskapazität zu. Auch in kollektiven Gebilden wie der Organisation darf der Einfluss des Gemeinschaftsgefühls auf die Leistungsbereitschaft und Motivation der Organisationsmitglieder nicht unterschätzt werden. Organisationen sind ein Ort, an dem die verschiedensten Interessen aufeinanderprallen und miteinander konkurrieren. Dieses Problem muss zumindest zum Teil gelöst werden, will eine Organisation Bestand haben. Durch Gemeinschaftsgefühl kann nun ein gewisser Grundkonsens innerhalb einer Organisation erzeugt werden, der zur Lösung organisationaler Probleme unerlässlich ist.

In den Hawthorne-Experimenten von Roethlisberger/Dickson wurde deutlich gemacht, welchen Einfluss ein bestehendes Verbundenheitsgefühl auf die Leistung von Menschen haben kann: In mehreren Versuchsreihen sollte getestet werden, ob psychische Faktoren einen Einfluss auf die Arbeitsleistung haben. Es wurden Gruppen gebildet, in denen die Arbeitsbedingungen verändert wurden. Gleichzeitig wurden vertrauensbildende Maßnahmen eingeführt. Das Ergebnis der Untersuchungen war, dass eine alleinige Änderung von Lohnanreizen und anderen positiv veränderten Arbeitsbedingungen wie bspw. längere Pausenzeiten zwar kurzfristig zu einer Outputsteigerung führten, dieses Niveau jedoch nicht gehalten wurde. Nur in Verbindung mit interpersonalen Beziehungen wurden längerfristig Outputsteigerungen erreicht.[454] Gerade diese inter-

[451] Vgl. Hillmann (1994), S. 690f.
[452] Vgl. Görner (1994), S. 67ff.
[453] Vgl. Görner (1994), S. 71f.
[454] Vgl. hierzu Kieser (1995b), S. 99-102.

personalen Beziehungen bewirkten, dass innerhalb der Versuchsgruppen ein Gemeinschaftsgefühl aufgebaut wurde, was eine Leistungssteigerung hervorrief. In diesen Experimenten wurde herausgearbeitet, dass den innerorganisationalen Gruppen eine besondere Bedeutung für die Motivation und Leistungsbereitschaft der Organisationsmitglieder zukommt. Man kann demnach sagen, dass persönliche Beziehungen eine große Rolle für die Entstehung von Leistungsmotivation spielen.

5.1 Gruppenprozesse in der Organisation

In der Regel ist jede Organisation intern ausdifferenziert. Sie besteht aus den verschiedensten Gruppen, die aus den einzelnen Organisationsmitgliedern gebildet werden. Dabei sind die Organisationsmitglieder gleichzeitig Mitglied mehrerer Gruppen. Diese Gruppen erfüllen je verschiedene Aufgaben und übernehmen unterschiedliche Funktionen für die Sicherung des Bestandes der Organisation. Zunächst wird nun auf die Merkmale einer Gruppe generell eingegangen werden. Daran schließt sich eine Trennung in formale und informale Gruppen innerhalb der Organisation an, um sowohl ihre Bedeutung als auch ihre Gemeinsamkeiten und Unterschiede herauszuarbeiten. Anhand des Teams als Beispiel für eine formale Gruppe werden Grundlagen des Gruppenbildungsprozesses, sowie Vor- und Nachteile von Gruppenarbeit und die Bedeutung des Gemeinschaftsgefühls für die Organisation dargestellt. Abschließend wird auf die motivationale Bedeutung von Teamarbeit eingegangen, um aufzuzeigen, wie durch Arbeit im Team Folgebereitschaft gefördert werden kann.

5.1.1 Merkmale der Gruppe und deren Ausprägung in der Organisation

In der Alltagssprache ist *Gruppe* ein relativ unscharfer Begriff, mit dem allgemein eine „Mehrzahl von Menschen (...) mit gemeinsamen Merkmalen bezeichnet wird"[455], die eine bestimmte Größe nicht überschreiten soll.[456] Der soziologische Gruppenbegriff orientiert sich vorrangig an der Kleingruppe, die bis zu 25 Mitglieder umfasst.[457] Als optimale Gruppengröße gelten jedoch fünf bis acht Gruppenmitglieder, wobei sich die Obergrenze an qualitativen Kriterien bemessen lassen sollte und nicht an einer be-

[455] Hillmann (1994), S. 310.
[456] Die Zahlenangaben schwanken hier von zwei oder drei Personen als Untergrenze bis hin zu zehn bis sechzig Mitgliedern als Obergrenze. Vgl. hierzu Kesten (1998), S. 86f.
[457] Vgl. Hillmann (1994), S. 311.

stimmten Personenanzahl.[458] Die Gruppenmitglieder heben sich räumlich und/oder zeitlich von anderen ab und bilden so eine Einheit. Es findet in der Regel eine direkte Interaktion zwischen ihnen statt – oftmals unter Verwendung einer eigenen gemeinsamen Sprache, die gruppenspezifische Züge annehmen kann. Außerdem teilen die Gruppenmitglieder gemeinsame Wertorientierungen, Ziele und Interessen. Innerhalb einer Gruppe existieren gruppenspezifisch ausgeprägte soziale Normen sowie ein System sozialer Positionen und Rollen, die mit Gruppenmitgliedern besetzt werden. Die sozialen Beziehungen und Interaktionen der Gruppenmitglieder sind auf Dauer gestellt und es findet ein gemeinsames Handeln zur Verfolgung gemeinsamer Ziele und Problemlösung statt.[459]

Über die genannten Merkmale hinaus zeichnet sich eine Gruppe dadurch aus, dass, wie bereits erwähnt, ein Gemeinschaftsgefühl der Gruppenmitglieder vorhanden ist, das durch gegenseitige Verbundenheit und gruppenbezogene Verantwortungsbereitschaft entsteht. Das Gemeinschaftsgefühl wird durch regelmäßige Interaktionen und vor allem durch direktes kommunikatives Handeln zwischen den Gruppenmitgliedern hervorgerufen und verstärkt. Das bedeutet, dass mit der Interaktionshäufigkeit das Gemeinschaftsgefühl zunimmt. Eng damit verbunden ist die *Kohäsion* einer Gruppe. Kohäsion meint hinreichende Festigkeit der Gruppe infolge des Zusammenhalts und der Zusammengehörigkeit der Gruppenmitglieder.

Es gibt nun mehrere Gründe für Gruppenbildungsprozesse. Zum einen stehen Nutzenerwägungen der Menschen im Mittelpunkt.

> „Das heißt, man nimmt gern Kontakt mit solchen Menschen (Gruppen) auf, die für das Erreichen der eigenen Zielsetzungen nützlich (instrumentell) sein können.“[460]

Die Attraktion einer Person oder Gruppe steigt in dem Maße, in dem diese als instrumentell für die Zielerreichung erachtet wird. Solange entsprechend das Ergebnis der sozialen Beziehung als Differenz zwischen Belohnung und Kosten positiv ist, besteht die Chance für Aufrechterhaltung der sozialen Beziehung bzw. des Verbleibs in der Gruppe.[461]

---

458 Vgl. Kesten (1998), S. 86. Wiswede nennt für komplexe zu bewältigende Aufgaben eine Gruppengröße von 5-6 Mitgliedern. Bei gleichartigen Aufgaben, bei denen weniger Koordinationsbedarf besteht, können auch größere Gruppen gebildet werden. Vgl. Wiswede (1992), S. 743.

459 Vgl. Burghardt (1972), S. 217; Fuchs et al. (1978), S. 291f; Hillmann (1994), S. 310; Kesten (1998), S. 86ff.

460 Wiswede (1992), S. 745.

461 Vgl. Homans (1972), S. 48ff; Wiswede (1992), S. 745.

Ein anderer Grund für Gruppenbildung ist in den bereits aufgeführten sozialen Motiven wie bspw. dem Anschlussbedürfnis der Menschen zu sehen. Darüber hinaus nennt Wiswede Aspekte des Verbundenseins, das Gefühl im Rahmen der Gruppe mehr leisten zu können sowie durch die Gruppe geschützt und gestärkt zu werden.[462] Außerdem lassen sich Kontakthäufigkeit und wahrgenommene Ähnlichkeit als Einflussfaktoren für Gruppenbildung anführen. Kesten fasst diese mit dem Begriff der personalen Faktoren zusammen.[463] Je häufiger Interaktion zwischen den Gruppenmitgliedern stattfindet, desto mehr wird auch das Ausmaß ihrer Neigung zunehmen und desto häufiger findet eine Angleichung im Verhalten statt.[464] Auch durch subjektiv empfundene Ähnlichkeit mit anderen Personen kann es zu Gruppenbildung kommen. Umstände für eine wahrgenommene Ähnlichkeit können bspw. gleiche soziale Herkunft oder Alter, ähnliche Weltanschauungen und gemeinsame Bekanntschaften sein.

Mit Blick auf Giddens lässt sich entsprechend sagen, dass auch Gruppen kollektive Gebilde sind, in denen eine Dualität von Handlung und Struktur besteht. Auch hier bilden sich die spezifischen Gruppenstrukturen durch die individuell motivierten (kommunikativen) Handlungen der Gruppenmitglieder aus und wirken auf diese zurück, wodurch die Strukturen reproduziert werden. In Gruppen wirken entsprechend die gleichen Strukturmomente wie in der Organisation als Ganzes. Das Handeln der Gruppenmitglieder ist stets ressourcenvolles Machthandeln, das auf die Durchsetzung ihrer individuellen Motive zielt und durch Deutungsmuster und normative Regelungen beeinflusst wird.

> „Gruppen (..) können als soziale Systeme definiert werden, deren Verhalten bestimmt wird von den Gruppenmitgliedern, dem Bild, das sich diese (..) von der Wirklichkeit machen, aber auch den Regeln ihres Zusammenlebens und den auf dieser Basis entstehenden sozialen Regelkreisen."[465]

Anschließend an die vorangegangenen Überlegungen zur Definition von Organisation lässt sich eine Gruppe als soziales System bezeichnen, das durch diffuse Mitgliederbeziehungen und eine relative Dauerhaftigkeit bestimmt ist und aus spezifisch aufeinander bezogenen Handlungs- und Kommunikationszusammenhängen bezeichnen,.[466] Dabei spielt das Gemeinschaftsgefühl eine wichtige Rolle für die Bindung der Organi-

[462] Vgl. Wiswede (1992), S. 745.
[463] Vgl. Kesten (1998), S. 92f.
[464] Vgl. Homans (1965), S. 126ff.
[465] Besemer et al. (1998), S. 59.
[466] Vgl. Neidhardt (1979), S. 640ff.

sationsmitglieder an die Gruppe als Subsystem der Organisation sowie die Organisation als Ganzes und somit für die Entstehung von Folgebereitschaft.

Neben den bereits genannten personalen Faktoren beeinflussen auch organisationale Aspekte die Gruppenbildung in Organisationen. Unter den organisationalen Aspekten werden die formalen Bedingungen einer Organisation und die Art und Weise, wie diese die personalen Faktoren beeinflussen, verstanden. Sie beziehen sich, wie auch schon die personalen Faktoren, auf die Kontakthäufigkeit und die wahrgenommene Ähnlichkeit von Seiten der Organisationsmitglieder. Der Kontakt zwischen Mitgliedern wird bspw. durch Stellenpläne und Aufgaben gefordert. Bezüglich der wahrgenommenen Ähnlichkeit können organisationale Faktoren dergestalt wirken, dass die Personalauswahl bereits nach bestimmten Kriterien erfolgt und somit Personen mit ähnlichem Hintergrund zusammenarbeiten. Entsprechend werden von den Organisationsmitgliedern dann auch Ähnlichkeiten wahrgenommen werden.[467]

5.1.2 Formale und informale Gruppen in der Organisation

Die bereits erwähnten Hawthorne-Experimente führten zur Unterscheidung von formalen und informalen Gruppen innerhalb von Organisationen. Zwar wurde die Bedeutung menschlicher Beziehungen zwischen den Organisationsmitgliedern für die Organisation schon früher erkannt, jedoch kam es erst durch diese Experimente zu einer nachhaltigen Verbreitung der Notwendigkeit informaler Beziehungen für die Organisation.[468] Als früher Vertreter der Annahme, dass zwischenmenschliche Beziehungen auch in der Organisation wichtig sind, lässt sich bspw. Durkheim anführen. Er machte darauf aufmerksam, dass die Gefahr der Anomie besteht, wenn in arbeitsteilig organisierten sozialen Gebilden wie der Organisation zu wenig Kontakte zwischen den Organisationsmitgliedern bestehen.[469] Als Lösung hierfür führte er die „Berufsgruppe" bzw. den „Fachverband" ein, in welchem soziale Vorstellungen und Gefühlswerte ausgebildet werden sollten, um so die Anomie zu überwinden.[470]

[467] Vgl. zur Trennung in personale und organisationale Faktoren bezüglich der Bildung von Gruppen Kesten (1998), S. 92ff.
[468] Vgl. Kieser (2001a), S 101.
[469] Vgl. Durkheim (1977), S. 410ff.
[470] Vgl. Durkheim (1983), S. 449ff.

Zwischen formalen und informalen Gruppen bestehen einige gravierende Unterschiede. Formale Gruppen sind generell rational organisiert, bewusst geplant und von der Organisationsleitung eingesetzt. Die Verhaltensweisen der Gruppenmitglieder sind extern vorgegeben und normiert.[471] Sie können über längere Zeitabschnitte oder auch zeitlich befristet eingesetzt werden.

> „Formelle Gruppen sind alle diejenigen, die im Organisationsplan vorgesehen sind."[472]

Ihre Existenz beruht in der Regel auf einem bestimmten Zweck und hat einen unpersönlichen Charakter.[473] Die vorhandenen Beziehungen, die ein Organisationsmitglied zu anderen Mitgliedern hat, sind von der Organisationsleitung definiert und dienen vordringlich der Aufgaben- und Zielerfüllung im Sinne der Organisation.[474] Als formale Gruppen innerhalb der Organisation lassen sich beispielsweise Abteilungen, Stationen, Projekt- und Arbeitsgruppen sowie Qualitätszirkel, Vorschlagsgruppen, Problemlösungsworkshops und Teams anführen. Außer bei Abteilungen und Stationen, handelt es sich dabei um Gruppenkonzepte, die die vermeintlichen Vorteile von Gruppen strategisch für die Organisation nutzbar machen wollen.

> „Die – vermuteten – Vorteile der Gruppenarbeit sollten nicht länger (...) dem Zufall überlassen werden, sondern einen organisationsoffiziellen Status erhalten, relativ konkreten Zwecken und einem System von Regeln unterzogen werden."[475]

Diese Gruppenkonzepte werden entsprechend von der Organisationsleitung bewusst eingesetzt. Sie verfügen über je spezifische Merkmale und dienen in je unterschiedlicher Weise der Rationalisierung des Arbeitsprozesses, der Innovation, der Motivation bezogen auf die allgemeine Leistungsbereitschaft der Organisationsmitglieder und/oder deren Qualifikation.[476] Durch die Einführung formaler Gruppen will also die Organisationsleitung von den Vorteilen der Gruppenarbeit und dem damit verbundenen Gemeinschaftsgefühl profitieren. Auf diese Weise ist es möglich, Motivation auf Seiten der Organisationsmitglieder zu erzeugen und diese an die Organisation und ihre Handlungsprogramme zu binden.

---

[471] Vgl. Staehle (1994), S. 249.
[472] Staehle (1994), S. 249.
[473] Vgl. Breisig (1990), S. 68.
[474] Vgl. hierzu Kesten (1998), S. 89.
[475] Breisig (1990), S. 67.
[476] Vgl. Breisig (1990), S. 69ff. Zu den einzelnen Merkmalsausprägungen in den verschiedenen Gruppenkonzepten vgl. Breisig (1990), S. 69-79.

Zieht man nun die oben genannten Gruppenmerkmale heran, um formale Gruppen zu untersuchen, ergibt sich jedoch die Frage, ob es sich bei formalen Gruppen überhaupt um soziale Gruppen handelt, da durch die reine, von außen festgelegte Zusammenfassung mehrerer Organisationsmitglieder noch kein Gemeinschaftsgefühl entstehen muss.[477] Hier lässt sich jedoch eine Unterscheidung einführen. Kesten trennt bezüglich der Verbundenheit von Gruppenmitgliedern in „Wir-Bewusstsein" und „Wir-Empfinden". Das „Wir-Bewusstsein" ist dabei stärker als das „Wir-Empfinden", das eher unbewusst und unterschwellig vorhanden ist. Ein solches Zusammengehörigkeitsgefühl der Gruppenmitglieder kann bereits durch die Vorgabe formaler Regeln und Normen sowie die Verfolgung gemeinsamer Ziele entstehen.[478] In formalen Gruppen kann demnach davon ausgegangen werden, dass ein Gemeinschaftsgefühl in Form von „Wir-Empfinden" besteht, was ebenfalls bestärken würde, dass formale Gruppen als soziale Gruppen anzusehen sind.[479]

Neben oder innerhalb einer formalen Gruppe können durch spontane, ungeplante, länger andauernde Kontakte zusätzlich informale Gruppen entstehen. Die Bildung solcher Gruppen ist nicht von außen bzw. der Organisationsführung vorgegeben, sondern beruht auf Initiative ihrer Mitglieder. Sie sind nicht im Organisationsplan vorgesehen und entstehen im Unterschied zu formalen Gruppen nicht aufgrund von Effizienzgedanken, sondern vielmehr aufgrund von persönlichen Wünschen, Sympathiegefühlen und Bedürfnissen der Mitglieder. Sie umfassen alle Aktivitäten, die nicht formal vorgegeben sind und in keinem direkten Zusammenhang zur Organisationsaufgabe stehen.[480] Informale Gruppen bilden sich demnach aufgrund eines gemeinsamen Interesses oder eines gegenseitigen Zusammengehörigkeitsgefühls. Die Stellung des Einzelnen wird dabei nicht durch die formalen Regeln der Organisation, sondern vielmehr von seiner Individualität und dem Zusammenspiel mit den anderen Gruppenmitgliedern bestimmt.[481] Im Gegensatz zur formalen Gruppe ist das Gemeinschaftsgefühl in informalen Gruppen stärker ausgeprägt, da sie auf Neigung und Sympathie beruhen. Mit Kes-

---

[477] Vgl. Kesten (1998), S. 90.

[478] Vgl. Kesten (1998), S. 91. Vgl. ähnlich die Ausführungen in Kap. 4.2.5 zur Unterscheidung zwischen funktionaler Vertrautheit und Gemeinschaftsgefühl.

[479] Eine andere Sichtweise vertritt Wiswede. Nach ihm handelt es sich bei formalen Gruppen nur um Plankonstrukte. Die in Organisationen bestehenden Gruppen sind jedoch stark von den zugrundeliegenden Festschreibungen geprägt und nehmen diese als Handlungsrichtlinien an. Demnach kann man von einer formalen Gruppe in einer Organisation sprechen, wenn sich eine Arbeitsgruppe stark an den formalen Handlungsrichtlinien orientiert. Vgl. hierzu ähnlich Wiswede (1992), S. 738f.

[480] Vgl. Staehle (1994), S. 250f; Kesten (1998), S. 89f.

[481] Vgl. Breisig (1990), S. 67.

ten kann hier von „Wir-Bewusstsein“ gesprochen werden.[482] Entsprechend lässt sich sagen, dass informale Gruppen in Organisationen aufgrund der Herausbildung persönlich-emotionaler Beziehungen den Charakter von Primärgruppen haben.[483]

Lange wurden den informalen Gruppen lediglich dysfunktionale Eigenschaften für die Organisation zugeschrieben wie bspw. den Organisationszielen entgegengesetzte Gruppenziele, Isolation von unliebsamen Mitarbeitern und Förderung von Gerüchten. Informale Gruppen können zwar diese Effekte hervorbringen, jedoch stehen dem auch positive Folgen der informalen Gruppen entgegen. So schließen sie bspw. Lücken der Verhaltenssteuerung, die in Organisationen unvermeidbar sind, da sie von formalen Gruppen nicht geleistet werden können. Informale Gruppen können darüber hinaus schnellere und unbürokratischere Kommunikation innerhalb und zwischen Abteilungen erbringen, wodurch eine schnellere Abstimmung erfolgt.[484] Außerdem werden durch informale Gruppen Bedürfnisse der Organisationsmitglieder befriedigt, die von der formalen Organisation so nicht geleistet werden können. Hier wären das Bedürfnisse nach sozialen Kontakten, Nähe, Geborgenheit, aber auch nach sozialer Anerkennung und Prestige anzuführen.[485] Darüber hinaus spielen informale Gruppen eine entscheidende Rolle bei der Problemlösung, da Probleme hier unter Umständen leichter gelöst werden können. Aufgrund ihrer persönlich-emotionalen Komponente üben sie einen großen Einfluss auf die Leistungsfähigkeit der Organisation aus. Sie geben den Gruppenmitgliedern durch bestehende Gruppennormen verstärkte Verhaltenssicherheit und Selbstbestätigung und können so eine motivierende Funktion einnehmen.[486] Eine einseitige Betrachtung der dysfunktionalen Folgen informaler Gruppen ist deshalb verkürzt. Sie nehmen vielmehr einige wichtige Funktionen innerhalb der Organisation wahr, ohne die diese auf Dauer keinen Bestand haben könnte.

[482] Vgl. Kesten (1998), S. 90f.
[483] Zu Primärgruppen und ihren Merkmalen vgl. die Ausführungen in Kap. 5.
[484] Vgl. hierzu die Ausführungen über informale Kommunikation in Kap. 2.2.3.
[485] Vgl. Staehle (1994), S. 250f.
[486] Vgl. Kesten (1998), S. 101f.

5.1.3 Leistungsüberlegenheit von Gruppen

Gruppen wird meist eine generelle Leistungsüberlegenheit zugeschrieben. Durch Kooperation und Koordination im Zusammenwirken einer Gruppe können Spitzenleistungen entstehen.[487] Kooperation ist dabei als eine enge und vertrauensvolle Zusammenarbeit zu sehen, die sich auf der Basis gemeinsamer Interessen vollzieht und als notwendige Folge der zunehmenden Spezialisierung entsteht.[488] Sie basiert sowohl auf Konsens als auch auf dem produktiven Umgang mit Konflikten.[489] Leistungsüberlegenheit kann jedoch nur bestehen, wenn von einer Leistungsbereitschaft der Gruppenmitglieder ausgegangen werden kann. Das bedeutet, sie müssen über Leistungsmotivation verfügen. Darüber hinaus spielen bezüglich der Leistungsstärke einer Gruppe allerdings auch organisationale Aspekte eine Rolle.

Ein Gruppe ist also in der Lage, qualitativ und quantitativ mehr zu leisten als ihr leistungsstärkstes Mitglied. Von einem Leistungsvorteil wird jedoch erst dann gesprochen, wenn die Gemeinschaftsleistung die Summe der Einzelleistungen übersteigt. Dieser Zusatznutzen ist auf die bereits erwähnten motivationalen oder auch organisatorischen Effekte der Gruppe zurückzuführen. Neben dem Gemeinschaftsgefühl (motivationaler Effekt) spielt entsprechend die Arbeitsaufgabe und die Zusammensetzung der Gruppe (organisationale Effekte) eine Rolle bezüglich seiner Leistungskapazität.[490] Wesentlich für die Leistungsstärke ist, ob die Aufgabe besondere Anforderungen an die Koordination der einzelnen Gruppenmitglieder stellt oder nicht.
Wie erwähnt kommt mit Blick auf die Leistungsüberlegenheit derselben auch der Zusammensetzung einer Gruppe eine bedeutende Rolle zu. Als besonders leistungsfähig werden Gruppen angesehen, die heterogen zusammengesetzt sind und in denen sich die Mitglieder entsprechend ergänzen. Im Vergleich zu Einzelentscheidungen sind dann in der Gruppe möglicherweise bessere Arbeitsergebnisse zu verzeichnen, weil Fehler besser festgestellt und kontrolliert werden können, die Arbeit der Gruppenmitglieder sich auf mehr Informationen stützen kann und Probleme schneller erkannt werden. Außerdem können die individuellen Ressourcen der einzelnen besser genutzt werden und es geraten mehr Problemlösungsperspektiven und Alternativen in den Blick. Vor allem ist jedoch eine Verknüpfung der rational-sachlichen Ebene mit der emotionalen Bezie-

---

[487] Block (2000), S. 36.
[488] Vgl. Schneider (1996), S. 53.
[489] Die Bedeutung eines produktiven Umgangs mit Konflikten betont Senge (1996), S. 303ff.
[490] Vgl. Wiendieck (1992), Sp. 2379.

hungsebene möglich[491], was wesentlich zur höheren Leistungsfähigkeit von Gruppen beiträgt. Gerade dem Gemeinschaftsgefühl und der Verbundenheit innerhalb von Gruppen kommt eine besondere Bedeutung in Bezug auf die Leistungsfähigkeit derselben zu. Aufgrund dieser affektiven Bindung an die Gruppe, ist das einzelne Gruppenmitglied motiviert, die Handlungsprogramme der Gruppe anzunehmen und auch auszuführen.[492] Aber auch die bessere Nutzung der individuellen Ressourcen kann motivierend wirken, da der einzelne so in der Lage ist, sein Bedürfnis nach Selbstverwirklichung und Leistung zu erfüllen.[493]

Die obigen Ausführungen sollen nicht den Eindruck erwecken, dass Gruppen generell leistungsstärker sind als Einzelpersonen. Es besteht auch die Möglichkeit, dass sie weniger leisten, als ihre einzelnen Mitglieder. Sind die Gruppenmitglieder bspw. inkompetent, bestehen unlösbare Spannungen innerhalb der Gruppe, ist die Gruppengröße zu stark angestiegen oder ist der Konformitätsdruck zu groß, sind Gruppen nicht als leistungsstark anzusehen.[494] Es sind somit die gleichen Aspekte, die die Leistungsfähigkeit von Gruppen erhöhen, die auch negativ für die Organisation wirken können. Gemeinschaftsgefühl, Kohäsion und Solidarität innerhalb der Gruppe sowie eine heterogene Zusammensetzung können als motivations- und somit leistungsfördernd angesehen werden. Ein Zuviel davon kann jedoch wiederum negative Auswirkungen haben. Es besteht demnach aus Sicht der Organisation auch hier eine Ambivalenz dahingehend, dass die genannten Aspekte sowohl funktional als dysfunktional für sie wirken können. Entsprechend ist Arbeit in Gruppen aus Sicht der Organisation dann zweckmäßig, wenn die von diesen zu lösenden Aufgaben das Leistungsvermögen eines einzelnen Organisationsmitgliedes übersteigen, die Aufgabe und/oder die Entscheidungslage sehr komplex oder ein hohes Maß an Zusammenarbeit zwischen mehreren Organisationsmitgliedern erforderlich ist.[495] In diesen Fällen kann es sinnvoll sein, formale Gruppen einzurichten. Dabei dürfen jedoch die möglichen negativen Wirkungen der spezifischen Gruppenmerkmale nicht außer acht gelassen werden.

---

[491] Vgl. Besemer et al. (1998), S. 52ff.
[492] Vgl. hierzu die Ausführungen zur affektiven Komponente der Bindung in Kap. 4.2.2.
[493] Vgl. hierzu die Ausführungen zur Leistungsmotivation in Kap. 4.2.4.
[494] Vgl. Schneider (1996), S. 107f.
[495] Vgl. Block (2000). S. 37.

5.2 Funktionale Vertrautheit als Gemeinschaftsgefühl in formalen Gruppen

Gemeinschaftsgefühl ist also für Organisationen von wichtiger Bedeutung. Die in und für die Organisation bestehenden Probleme und Aufgaben können nur gelöst werden, wenn Gemeinschaftsgefühl und entsprechend eine affektive Bindung der Organisationsmitglieder an die Organisation und deren Handlungsprogramme besteht. Nun handelt es sich jedoch bei Organisationen nicht um Primärgruppen im Sinne von Gemeinschaften[496], sondern vielmehr eher um Sekundärgruppen.[497] Mit Türk lässt sich sagen, dass auch ganze Organisationen – und nicht nur die in ihr bestehenden Gruppen – durch kommunikative Abstimmung und Interaktion Merkmale von sozialen Gruppen wie bspw. eine eigene symbolisch vermittelte Lebenswelt, Norm-, Sanktions- und Statusstrukturen sowie sozial bestimmte Gütemaßstäbe ausbilden können. Auch sind sie in der Lage, aufgrund gemeinsamer Identitäten und Zusammenhalt Gemeinschaftsgefühl zu erzeugen.[498] Das in Sekundärgruppen vorhandene Gemeinschaftsgefühl ist jedoch im Vergleich zu Primärgruppen eher schwach ausgebildet.[499] Trotzdem ist es nicht fraglos möglich, Organisationen einfach als Sekundärgruppen zu definieren. Vielmehr sind es soziale Systeme, die aus aufeinander bezogenen Arbeitsgruppen bestehen.[500] Organisationen sind unfreiwillige Kooperationsgebilde, in denen bestimmte Erwartungshaltungen als Aufgaben- und Tätigkeitsfelder institutionalisiert sind. Kooperation kann dabei durch Kommunikation erreicht werden.[501] Eine Übertragung der Erkenntnisse bzgl. des Gemeinschaftsgefühls in Primärgruppen auf Organisationen ist entsprechend nicht nahtlos durchführbar.

Eine Organisation besteht entsprechend aus verschiedenen, aufeinander bezogenen, miteinander in Kontakt stehenden Arbeitsgruppen. Sie sind zum einen von Seiten der Organisationsleitung als geplant eingeführte, formale Gruppenkonzepte zur Ausnutzung der Vorteile von Gruppen eingesetzt, zum anderen handelt es sich dabei um informale Gruppen, die den Charakter von Primärgruppen aufweisen. In diesen informa-

---

[496] Vgl. hierzu die Ausführungen in Kap. 5.
[497] Zu Sekundärgruppen und ihren Merkmalen vgl. Hillmann (1994), S. 769.
[498] Vgl. Türk (1976), S. 92.
[499] Vgl. Hillmann (1994), S. 769. Vgl. außerdem die Ausführungen über „Wir-Empfinden“ bei formalen Gruppen in Kap. 5.1.2.
[500] Vgl. Wiswede (1992), S. 737.
[501] Vgl. Hahne (1997), S. 224.

len Gruppen ist entsprechend das Gemeinschaftsgefühl stark ausgeprägt und die affektive Bindung der Gruppenmitglieder aneinander entsprechend groß.[502]

Aber auch in formalen Gruppen im Sinne von der Organisationsleitung initiierten Gruppenkonzepten, kann sich, wie bereits erwähnt, eine Art Gemeinschaftsgefühl entwickeln. Allerdings geschieht dies primär aufgrund einer sachlichen Verbundenheit der Organisations- bzw. Gruppenmitglieder. Es handelt sich bei dieser Form der Verbundenheit um eine „sekundäre Vertrautheit"[503], die durch die gemeinsam von der Gruppe zu erfüllenden Aufgaben und stetige Zusammenarbeit erzeugt wird.[504] Im Gegensatz zur primären Vertrautheit im Sinne eines „echten" Gemeinschaftsgefühls, beruht diese eben nicht auf perönlich-emotionalen Beziehungen der Gruppenmitglieder, sondern auf der Maßgabe, zusammen bestimmte Probleme lösen zu müssen. Diese, durch gemeinsam zu lösende Aufgabenstellungen hervorgerufene Verbundenheit wird im folgenden *funktionale Vertrautheit* genannt. Funktional deshalb, weil die Vertrautheit aus der Bindung an die von der Gruppe zu erfüllenden Funktion entsteht, die in den von ihr verfolgten Handlungsprogrammen angelegt ist. Das bedeutet, sie ist auf die Erfüllung eines bestimmten Zwecks gerichtet. Besteht in einer formalen Gruppe funktionale Vertrautheit, findet eine Verknüpfung von formalen Inhalten der Organisation mit Privatem statt. Die Gruppenmitglieder werden einander nicht mehr allein auf der rein sachlichen Ebene begegnen, sondern vielmehr finden auch persönliche Elemente Eingang in die Kommunikation. Trotzdem wird stets die sachliche Ebene der Grund bleiben, weshalb die Gruppe besteht.[505] Als Beispiel privater Elemente in der funktionalen Vertrautheitsbeziehung zwischen den Mitgliedern einer formalen Gruppe lässt sich das regelmäßige gemeinsame Mittagessen derselben anführen. In manchen formalen Gruppen einer Organisation ist es die Regel, dass die Mitglieder gemeinsam Pause machen. Hier wird zum Teil nicht nur über die Arbeit kommuniziert, sondern auch häufig über informale Themen. Die sachlich motivierte Beziehung zwischen den Mitgliedern

---

[502] Vgl. zu formalen und informalen Gruppen in Organisationen Kap. 5.1.2.

[503] Hennen (1994b), S. 130.

[504] Im Zusammenhang mit dem Gruppenbildungsprozess wurde bereits herausgestellt, dass, je häufiger Interaktion zwischen den Gruppenmitgliedern stattfindet, desto stärker wird die Neigung zwischen ihnen und desto häufiger findet eine Angleichung auch im Verhalten statt. Vgl. hierzu Kap. 5.1.1 und Homans (1965), S. 126ff.

[505] Es ist zwar denkbar, dass aus funktionaler Vertrautheit ein Gemeinschaftsgefühl entsteht, das dem von Primärgruppen entspricht, jedoch dürfte das eher selten der Fall sein. Funktionale Vertrautheit besteht in formalen Gruppen, Gemeinschaftsgefühl hingegen ist an persönlich-emotionale Beziehungen gebunden, die sich aus sich heraus entwickelt haben und nicht von der Organisationsleitung in Form von formalen Gruppen gesetzt wurden.

der formalen Gruppe kann um persönliche Komponenten ergänzt werden. Es findet demnach eine Vermischung von formalen und informalen Elementen statt, wodurch die Vertrautheit zwischen den Gruppenmitgliedern verstärkt wird. Dies ist ein häufig zu beobachtender Vorgang. In Organisationen bzw. den formalen Gruppen innerhalb einer Organisation findet meistens eine derartige Verquickung statt.[506]

Funktionale Vertrautheit stellt sich entsprechend durch auf Dauer gestellte Interaktionen und dadurch aufeinander ausgerichtete Handlungserwartungen ein. Zusätzlich dazu muss jedoch *Vertrauen* in die anderen Gruppenmitglieder und *Solidarität* ihnen gegenüber hinzukommen. Innerhalb der Organisation sind dabei zwei Formen der Solidarität zu unterscheiden, die beide Basis funktionaler Vertrautheit sein können. Zum einen steigt gerade aufgrund der immer weiter fortschreitenden funktionalen Differenzierung von Organisationen[507] die Abhängigkeit der Organisationsmitglieder voneinander stetig an. Solidarität und Vertrauen sind entsprechend notwendige Eigenschaften, damit eine Problemlösung basierend auf Arbeitsteilung effizient verfolgt werden und somit die Organisation Bestand haben kann. Solidarität meint dabei organische Solidarität im Sinne Durkheims, die gerade auf der Unterschiedlichkeit der Mitglieder eines Kollektives basiert. Nur aufgrund der Verschiedenartigkeit ihrer Mitglieder kann eine Gesellschaft oder Organisation arbeitsteilig agieren, was die Annahme individuell ausgeprägter Fähigkeiten voraussetzt. Soziale Solidarität innerhalb formaler Gruppen entsteht dann in der Erkenntnis, dass jeder auf jeden angewiesen und dadurch dazu verpflichtet ist, seine besonderen Fähigkeiten zur Förderung des Ganzen einzusetzen.[508] Funktionale Vertrautheit ist demnach an das Vertrauen der Gruppenmitglieder ineinander geknüpft, dass sie zum einen aufgrund ihrer Verschiedenartigkeit dazu in der Lage sind, zusammen die zu lösenden Aufgaben anzugehen und zum anderen sich gegenüber einander solidarisch verhalten werden. Ein Beispiel für eine formale Gruppe, innerhalb der diese Form der Solidarität zum tragen kommt, ist bspw. eine Projektgruppe, die aus verschiedenen Spezialisten besteht und einer spezifischen Problemlösung dient.

[506] Vgl. Kesten (1998), S. 39f.

[507] Zum Begriff der funktionalen Differenzierung von Gesellschaften bzw. Organisationen vgl. Luhmann (1987), S. 259ff.

[508] Vgl. Allardt (1970), S. 47; Käsler (1976), S. 321ff; Durkheim (1977), S. 152ff und 169ff; Hauck (1984), S. 92ff.

Zum anderen kann funktionale Vertrautheit auch durch Gleichheit oder Ähnlichkeit der Mitglieder einer formalen Gruppe erzeugt werden. Mit Durkheim kann man hier von mechanischer Solidarität sprechen. In solchen Gruppen herrscht keine oder nur geringe Arbeitsteilung. Die Gruppenintegration wird durch gemeinsame Anschauungen und Gefühle der Mitglieder sowie durch repressive Mechanismen zur Abwehr einer Verletzung eben dieser Gemeinsamkeiten erreicht.[509] Ein Beispiel aus der organisationalen Praxis wäre hier eine Arbeitsgruppe in der Produktion.
Verbinden sich nun diese beiden Formen der Solidarität kann von stärker ausgeprägter funktionaler Vertrautheit ausgegangen werden, als wenn sie lediglich auf einer Solidaritätsform beruht. Durch die informalen, persönlichen Elemente, die auch in Gruppen mit organischer Solidarität zum tragen kommen, kann zusätzlich zu dieser so etwas wie mechanische Solidarität zwischen den Gruppenmitgliedern entstehen.

Zusammenfassend lässt sich also festhalten, dass bestehendes Gemeinschaftsgefühl motivierend und leistungsverstärkend innerhalb der Organisation wirken kann. Es entsteht als persönlich-emotionale Beziehung zwischen den Gruppenmitgliedern, die eine affektive Bindung derselben an die Gruppe und ihre Handlungsprogramme bewirkt. Ein derartiges Gemeinschaftsgefühl ist jedoch vor allem in Primärgruppen existent. Als solche können die informalen Gruppen innerhalb einer Organisation bezeichnet werden. Die Organisation an sich und die von der Organisationsleitung eingesetzten formalen Gruppen sind jedoch eher als Sekundärgruppen zu bezeichnen. Auch in ihnen kann jedoch unter bestimmten Voraussetzungen eine Art des Gemeinschaftsgefühls entstehen, die als funktionale Vertrautheit bezeichnet wird. Sie basiert auf sachlicher Verbundenheit sowie beständiger Zusammenarbeit und ist gebunden an gegenseitiges Vertrauen und Solidarität ihrer Gruppenmitglieder. Auch diese Form des Gemeinschaftsgefühls kann motivierend wirken. Sie ist gleichfalls in der Lage, eine Bindung der Gruppenmitglieder an die Handlungsprogramme der Gruppe zu bewirken. Im Folgenden werden Leistungsvorteile von Gruppen und auch mögliche Gefahren, die sich aus Gruppenarbeit für die Organisation ergeben, anhand des Teams als Beispiel für eine formale Gruppe aufgezeigt.

[509] Vgl. Durkheim (1977), S. 111-150 und 169ff; Morel et al. (1992), S. 16f.

5.3 Das Team als Beispiel einer formalen Gruppe

Wie bereits erwähnt werden seit der Erkenntnisse um die motivations- und leistungssteigernde Wirkung des Gemeinschaftsgefühls von der Organisationsleitung vermehrt formale Gruppen eingesetzt, um davon zu profitieren. Für die Einführung von Gruppenarbeit sprechen einige gravierende Gründe: Die stetig wachsende Aufgabenkomplexität innerhalb der Organisation übersteigt die Informationsverarbeitungs-, Steuerungs- und Verantwortungskapazität von Einzelentscheidungen. Außerdem lässt sich der hohe Innovationsbedarf nicht mehr durch die kreativen Potenziale mehr oder weniger unsystematischer Einzelerfindungen decken. Darüber hinaus führen grundsätzlich Demokratisierungstendenzen und gesellschaftlicher Wertewandel zu einer Legitimationskrise hierarchischer Strukturen und begünstigen den Aufbau partizipativer Organisationsformen.[510]

Eine Form der formalen Gruppe ist das Team. Das Team wurde deshalb als Beispiel für formale Gruppen gewählt, da hier die Wahrscheinlichkeit, dass funktionale Vertrautheit entstehen kann, als am größten angenommen wird und entsprechend der Motivationseffekt von Gemeinschaftsgefühl am deutlichsten wird. Außerdem kommt gerade hier der direkten Kommunikation eine bedeutende Rolle zu. Warum das so ist, wird im Laufe der Studie noch näher erläutert.[511] Zunächst wird aber dargestellt, was ein Team ist und über welche spezifischen Merkmale es verfügt. Anschließend werden anhand der Teamarbeit die Vorteile und Gefahren von Gruppenarbeit ausgeführt, die zu berücksichtigen sind, wenn Organisationen diese einführen. Dabei ist zu beachten, dass das Team als eine Art Idealtypus dargestellt wird. Die Prozesse der Teambildung und die Merkmale des Teams sind demnach in der Realität nicht unbedingt deckungsgleich mit der hier angeführten Darstellung, sondern können von dieser abweichen. Diese Devianz kann zum Teil zu Problemen führen, auf die im Zuge der Gefahren der Teamarbeit näher eingegangen werden soll.

[510] Vgl. Wiendieck (1992), Sp. 2377f.
[511] Vgl. Kap. 5.3.2 und 5.3.5.

5.3.1 Von der formalen Gruppe zum Team

Damit aus einer formalen Gruppe ein Team werden kann, müssen von dieser verschiedene Phasen der Entwicklung durchlaufen werden. Dadurch, dass mehrere Organisationsmitglieder zu einer formalen Gruppe zusammengefasst werden, ist noch lange kein Team geboren.

> „Angenehme, stimulierende, dosiert herausfordernde Erfahrungen, welche Teammitglieder miteinander machen, tragen dazu bei, eine Ansammlung von Menschen in ein arbeitsfähiges Team zu verwandeln. (...) Durch geschickt inszenierte ‚aktivierende Ereignisse' [lassen sich, S. D.] das Wir-Gefühl von Gruppenmitgliedern und die Effektivität ihrer Zusammenarbeit steigern (..).“[512]

Eine Maßnahme zur Teambildung ist die *Teamentwicklung*. Dabei handelt es sich um einen mehrphasigen, bewusst initiierten und gesteuerten Prozess, der auf die Veränderung des Verhaltens der Mitglieder einer formalen Gruppe in Richtung auf das Erlernen verbesserter Zusammenarbeit zielt.[513] Es werden in der Regel im Zeitablauf vier Entwicklungsphasen[514] unterschieden: Zu Beginn steht die *Initialphase* oder auch *Formierungsphase*. In dieser Phase sammeln die verschiedenen Mitglieder zunächst Informationen darüber, welche Kenntnisse und Leistungsmöglichkeiten die anderen mitbringen und es wird versucht, eine erste Vorgehensweise zu entwickeln. Innerhalb der Gruppe wird nach der eigenen Position gesucht, und es besteht noch kein Gemeinschaftsgefühl. Das selbstorientierte Verhalten der einzelnen Gruppenmitglieder überwiegt. Die Mitglieder sind noch nicht gewillt, sich an ein gruppeninternes Handlungsprogramm zu binden.

Daran schließt sich die *Konfrontationsphase* oder auch *Konfliktphase* an. Jetzt wird versucht, den einzelnen Gruppenmitgliedern die verschiedenen Aufgaben zuzuteilen und voneinander abzugrenzen, wobei häufig Widerstand gegen die Vorgehensweise und Aufgabenzuteilung besteht. Bei den Mitgliedern ist zu diesem Zeitpunkt häufig ein Gefühl des „Auf-der-Stelle-Tretens“[515] und der Unzufriedenheit zu finden, gepaart mit heftigen Auseinandersetzungen und dem Aufeinanderprallen verschiedener Meinungen. An dieser Stelle entscheidet es sich, ob das Team Bestand hat.

---

[512] Besemer (1998), S. 53.

[513] Vgl. Schneider (1996), S. 101.

[514] Nach Wiendieck trennt Streich in sechs Teilschritte: Problemanalyse, Problemdefinition, Suchphase, Bewertungsphase, Entscheidungsphase, Aktionsphase und Kontrollphase. Vgl. Wiendieck (1992), Sp. 2378. Diese Kategorisierung soll hier jedoch nicht näher dargestellt werden. Die Ausführungen zu den vier Entwicklungsphasen beziehen sich auf Schneider (1996), S. 102f und Wiendieck (1992), Sp. 2378.

[515] Schneider (1996), S. 102.

Als nächstes folgt die *Organisations-* oder auch *Normierungsphase.* Das Team hat sich gefangen und im Dialog sollen die offenen Standpunkte geklärt werden. Es besteht eine Tendenz zu harmonischer Zusammenarbeit und Konfliktvermeidung. Es bilden sich teameigene Normen und Interaktionsmuster aus und es gibt Ansätze zur Ausbildung eines Gemeinschaftsgefühles. Man kann also hier davon sprechen, dass die Bindung an ein angebotenes Handlungsprogramm beginnt.

Die letzte Phase ist die *Integrations-* oder *Arbeitsphase.* Es besteht soweit eine aufgabenorientierte Einheit zwischen den Mitgliedern. Das Hauptinteresse des Einzelnen sollte es nun sein, die Teamaufgabe zu lösen, Informationen zu teilen und gute Ideen zu stützen. An dieser Stelle ist nochmals auf den reziproken Altruismus zu verweisen. Teamarbeit ist nur möglich, da die Menschen zu dieser Form der Dehnung des Egoismus in der Lage sind und ihren kurzfristigen Nutzen hinter einen langfristigen zurückstellen können.[516] Zwischen den Teammitgliedern besteht nun funktionale Vertrautheit, sie kennen ihre Stärken und Schwächen und es sind Verhaltensstandards ausgebildet, an denen sich die Teammitglieder orientieren und die sie in ihren wechselseitigen Handlungen selbst ausgebildet haben. Das bedeutet, das Team ist *integriert.* Diese Integration wird erreicht durch die Bewältigung der gemeinsamen Aufgabe, den Abbau von Positions- und Rollenfixierungen sowie informale Normen und Regeln.[517] Es besteht ein gefestigtes Gemeinschaftsgefühl zumindest in Form funktionaler Vertrautheit, das aufgrund der Entwicklung von Folgebereitschaft eine Leistungsüberlegenheit von Teams bewirken kann. Die Teammitglieder haben sich nun an das Handlungsprogramm des Teams gebunden und empfinden ein diffuses Gefühl der Anhänglichkeit an das Team, weshalb sie versuchen, die ihnen gestellten Aufgaben bestmöglich zu lösen. Das bedeutet, es ist möglich, dass durch Teamentwicklung Folgebereitschaft entsteht. Der Verlauf der Teambildung ist hier idealtypisch skizziert worden. In der Realität kann der Verlauf anders vonstatten gehen, da bspw. Phasen übersprungen werden können. Auch ist es möglich, dass eine als Team eingesetzte formale Gruppe nie wirklich Gemeinschaftsgefühl ausbildet, wenn die Strukturmerkmale innerhalb der Gruppe dies verhindern. Mit Zuhilfenahme des Instrumentes der Teamentwicklung ist es jedoch wahrscheinlicher, dass funktionale Vertrautheit erreicht werden kann, als wenn darauf gänzlich verzichtet wird. Folgebereitschaft kann allerdings nicht gezielt erzeugt werden, sondern muss vielmehr, wie bereits erwähnt, als Selbstbindung der Teammitglieder an das Team bzw. die Organisation verstanden werden.

---

[516] Zum reziproken Altruismus vgl. Kap. 2.1.2.3.

5.3.2 Merkmale eines Teams

Unter einem Team wird eine Gruppe von Organisationsmitgliedern verstanden, „die bei gegenseitiger Anerkennung und Ausschöpfung der einzelnen fachlichen und personalen Spezialisierungen ihr kooperatives Potential für die Erreichung eines gemeinsamen Zieles oder einer gestellten Aufgabe einsetzen“[518]. Teams sind demnach leistungsorientiert, was jedoch die Erfüllung sozio-emotionaler Erwartungen von Seiten der Mitglieder nicht ausschließt.[519] Auch und gerade im Team werden soziale Motive verfolgt. Bei einem Team handelt es sich um eine formale Gruppe, da Teams stets von der Organisationsleitung zur Erreichung eines bestimmten Zwecks eingesetzt werden. In Teams besteht demnach u.U. ein Gemeinschaftsgefühl, das mit funktionaler Vertrautheit bezeichnet werden kann und eine identitätsvermittelnde Kraft besitzt, da es den Mitgliedern eine Identifikations- und Orientierungsmöglichkeit bietet. Dieses so formulierte „Wir“ orientiert sich am gemeinsamen Arbeitsziel und der engen zielgerichteten Zusammenarbeit. Mit dem Begriff Team wird eine kleine überschaubare Gruppe bezeichnet, die auf der strategischen Ebene der Organisation Tätigkeiten vom Typus der Informationsbeschaffung, und/oder -verarbeitung, Urteilsbildung, Planung, Strategieentwicklung und Problemlösung ausübt. Abzugrenzen vom Team als formale Gruppe sind Gruppenarbeitskonzepte, die auf der operativen Ebene eingesetzt werden wie bspw. Arbeitsgruppen, Qualitätszirkel und Lernstätten.[520] Dabei geht es im Gegensatz zur Teamarbeit nicht um die Lösung komplexer Aufgabenstellungen oder Probleme. Die Mitglieder eines Teams können alle unmittelbar in Kontakt zueinander treten und die direkte Kommunikation nimmt einen herausragenden Stellenwert innerhalb des Teams ein. Ein Team kann nun entweder als ständige Einrichtung oder auch als Ad-hoc-Gruppe eingerichtet sein, ist allerdings stets auf (relative) Dauer eingesetzt. In jedem Fall steht es in einem organisatorischen Freiraum und arbeitet in einem Tätigkeitsfeld mit hoher Autonomie und weitreichender Selbststeuerungskompetenz.[521] Das bedeutet, die in einem Team vorhandenen formalen Handlungsprogramme schränken den persönlichen Freiraum der Mitglieder weniger ein, als in anderen formalen Gruppen. Innerhalb dieses Freiraums bestehen entsprechend Ungewissheitszonen, in denen

---

[517] Vgl. Besemer et al. (1998), S. 53ff.
[518] Hillmann (1994), S. 862.
[519] Vgl. Wiendieck (1992), S. 2376.
[520] Vgl. hierzu Schneider (1995), S. 15ff; Schneider (1996), S. 96. Zu den genannten Gruppenarbeitskonzepten auf der operativen Ebene vgl. Breisig (1990), S. 70ff.
[521] Vgl. Schneider (1996), S. 96.

die Teammitglieder ihre Ressourcen anwenden und ausnutzen können.[522] Auch innerhalb eines Teams gibt es in der Regel einen Vorgesetzten bzw. Teamführer. Es handelt sich dabei jedoch häufig um eine Führungskraft ohne ausgeprägte Vorgesetztenfunktion. Er fungiert innerhalb des Teams als Primus inter pares und wird entweder von der das Team einsetzenden Instanz oder vom Team selbst gewählt.[523] Beim Fehlen einer Führung bestünde die Gefahr, dass die unterschiedlichen Einzelinteressen und Motive der Teammitglieder gegenüber den „Teamzielen“ dominieren.[524] In Teams interagieren meist kompetente Einzelpersonen als Spezialisten verschiedener Sachgebiete kooperativ und tragen gemeinsam Verantwortung. Der Begriff des Teams soll demnach nur für solche Gruppen angewandt werden, die für die Erledigung einer von außen – meist der Organisationsleitung – vorgegebenen Aufgabe die kollektive Entscheidungsverantwortung tragen.[525]

> „Unter einem Team soll (hier) eine kleine, funktionsgegliederte [Gruppe, S.D.] mit gemeinsamer Zielsetzung, relativ intensiven wechselseitigen Beziehungen, einem ausgeprägten Gemeinschaftsgeist sowie einem relativ starken Gruppenzusammenhalt unter den Mitgliedern und damit einer spezifischen Arbeitsform verstanden werden.“[526]

Grundsätzlich ist anzumerken, dass ein Team trotz seiner Freiräume nicht als herrschaftsfreier Raum anzusehen ist, wenn auch wenig Hierarchie besteht. Ein Team kann vielmehr als Mikrokosmos einer Organisation angesehen werden. Auch hier wirken eben die Strukturmomente, die in der Organisation vorhanden sind. Entsprechend ist das Handeln der Teammitglieder stets Machthandeln, normativ geleitet, körperlich geprägt und kommunikativ vermittelt. Es besteht demnach auch im Team eine Dualität von Handlung und Struktur.

In einem Team als formale Gruppe kommen nun vermehrt auch informale Elemente zum tragen. Aufgrund der relativ großen Freiräume, über die das Team verfügt, da nur wenige formal festgelegte Regeln für die Teamarbeit bestehen, bilden sich aus den fortgesetzten Interaktionen der Mitglieder vielzählige informale Strukturen aus. Die Kommunikation im Team – die weit weniger formal geregelt ist als in anderen Organi-

---

522 Vgl. hierzu die Ausführungen zu mikropolitischem Handeln der Organisationsmitglieder Kap. 3.2.1.

523 Vgl. Schneider (1996), S. 105f.

524 Vgl. Block (2000), S. 16.

525 Vgl. Wiendieck (1992), Sp. 2376.

526 Foster zit. nach Wiendieck (1992), Sp. 2377. Im Zitat wurde das Wort Arbeitsgruppe durch Gruppe ersetzt, da eine Arbeitsgruppe nach gängigem Verständnis eine andere spezifische Art der formalen Gruppe darstellt, die sich zum Teil fundamental vom Team unterscheidet. Vgl. hierzu Schneider (1996), S. 8.

sationseinheiten – bildet über gemeinsame interpretative Schemata Deutungsmuster aus, die von den Teammitgliedern angenommen werden. Auch die normativen Regelungen, die innerhalb eines Teams zur Anwendung kommen, sind häufig informalen Charakters. Gerade durch diese stark ausgeprägten informalen Aspekte entstehen gegenseitiges Vertrauen und Solidarität zwischen den Teammitgliedern, was zur Ausbildung von Gemeinschaftsgefühl notwendig ist. Entsprechend kann ein Team definiert werden als eine formale Gruppe, die über sehr viele informale Aspekte verfügt und so zum Teil Merkmale einer informalen Gruppe aufweist.

5.3.3 Voraussetzungen für effektive Teamarbeit

Eine effektive Teamarbeit ist besonders an die vertrauensvolle, partnerschaftliche Zusammenarbeit der Teammitglieder gekoppelt. Die Beziehung, die aus der Notwendigkeit zu kooperativem Handeln innerhalb von Organisationen entsteht, nennt Senge „Arbeitsvertrauen“[527].

> „Jedes Teammitglied ist sich der anderen bewußt und kann sich darauf verlassen, dass alle sich gegenseitig in ihrem Handeln ergänzen.“[528]

Daraus entspringt die zur Bewältigung der gestellten Aufgabe notwendige Solidarität.[529] Teamarbeit erfordert entsprechend Teamfähigkeit und Teamlernen. *Teamfähigkeit* meint dabei eine komplexe Persönlichkeitseigenschaft, die verschiedene Einzelfähigkeiten und Handlungsbereitschaften umfasst. Zu nennen sind hier Integrations- und Kompromissbereitschaft, Konsensfähigkeit, grundsätzliche Kommunikations- und damit verbundene Informationsbereitschaft sowie Ambiguitätstoleranz, Kritikbereitschaft und Interaktionsfähigkeit.[530] Aufgrund dieser Eigenschaften, können Teamentscheidungen Einzelentscheidungen dann überlegen sein, wenn Teams tatsächlich konsensfähig sind, innerhalb des Teams Informationen nicht vorenthalten werden, Probleme von allen als solche erkannt werden und das Team imstande ist, die Erfahrungen und Informationen ihrer Mitglieder miteinander zu verknüpfen.[531]

[527] Senge (1996), S. 288.
[528] Senge (1996), S. 288.
[529] Zur Solidarität vgl. Kap. 5.2.
[530] Zu den einzelnen Fähigkeiten vgl. Schneider (1996), S. 103ff.
[531] Vgl. Besemer et al. (1998), S. 50.

„Aus den unterschiedlichen Zielvorstellungen, die jedes Teammitglied hat, muss aufeinander abgestimmtes Handeln und gegenseitige Akzeptanz, aber auch Umdenken entstehen können."[532]

Senge weist darauf hin, dass nicht Freundschaft sondern eine bestimmte Art von Teambeziehung ein Team zu großen Leistungen befähigt. Er bezeichnet dies mit „Ausrichten"[533]. Auch innerhalb eines Teams agieren die Organisationsmitglieder mikropolitisch aufgrund ihrer je spezifischen Ressourcen, was dazu führt, dass sie zum Teil beabsichtigt, aber auch unbeabsichtigt gegeneinander arbeiten können. Wird die Ausrichtung eines Teams besser, findet jedoch eine „Harmonisierung der Energien"[534] statt.

„Das Team verfolgt einen gemeinsamen Zweck, eine gemeinsame Vision, und weiß, wie es sich in seinen Anstrengungen gegenseitig ergänzen kann."[535]

Diesen Prozess der Ausrichtung nennt Senge *Teamlernen*. Durch Teamlernen kann ein Team seine Fähigkeiten, die angestrebten Ziele zu erreichen, kontinuierlich ausbauen und erweitern.[536]

5.3.4 Funktionale Vertrautheit oder Gemeinschaftsgefühl?

Es wurde festgehalten, dass in informalen Gruppen basierend auf Sympathie und Neigung „echtes" Gemeinschaftsgefühl besteht. In formalen Gruppen hingegen besteht funktionale Vertrautheit, die auf sachlicher Verbundenheit und dem Bestreben beruht, einen gemeinsamen Zweck zu erreichen. Ein Team ist eine formale Gruppe, die über ausgeprägte informale Aspekte und somit zum Teil über den Charakter einer informalen Gruppe verfügt. Es stellt sich nun die Frage, ob in einem Team lediglich funktionale Vertrautheit oder „echtes" Gemeinschaftsgefühl besteht. Dafür ist es notwendig, sich nochmals kurz die Unterschiede zwischen formalen Gruppen generell und Teams im besonderen vor Augen zu halten.

Formale Gruppen sind von der Organisationsführung eingesetzte Gruppen, die einen bestimmten Zweck verfolgen. Die in ihnen vorhandene funktionale Vertrautheit basiert neben der sachlichen Verbundenheit der Gruppenmitglieder auf gegenseitigem Vertrauen und Solidarität. Dabei kann funktionale Vertrautheit auf zwei Formen der Soli-

532 Block (2000), S. 39.
533 Senge (1996), S. 285.
534 Senge (1996), S. 285.
535 Senge (1996), S. 285.

darität beruhen: Der organischen und/oder der mechanischen Solidarität.[537] Besteht sie aufgrund hoher Arbeitsteilung, wird sie als organische Solidarität bezeichnet. Die Gruppenmitglieder sind aufeinander angewiesen, da sie über je spezifische Kenntnisse verfügen, die zur Lösung der gemeinsamen Aufgabe nötig sind. Besteht sie jedoch aufgrund gemeinsamer Anschauungen und Gefühle, wird sie als mechanische Solidarität bezeichnet. In Teams ist nun eine hohe Spezialisierung der einzelnen Teammitglieder vorhanden. Es besteht demnach funktionale Vertrautheit, die auf organischer Solidarität beruht. Darüber hinaus verfügen Teams jedoch über ausgeprägte informale Merkmale. Gerade durch die sich daraus eröffnenden Freiräume kann nun „mehr" als lediglich funktionale Vertrautheit erreicht werden. In Teams soll Hierarchie abgebaut werden – alle Teammitglieder sollen gleichberechtigt nebeneinander stehen. Selbst der Teamleiter ist idealtypisch Primus inter pares. Durch die Ausbildung vor allem eigener, nicht vorgegebener informaler Normen und Deutungsmuster durch fortgesetzte informale Kommunikation kann die sachliche Ebene durch persönliche Aspekte überformt werden. Gerade so kann eine noch engere Bindung an das Team und somit auch die Organisation als Ganzes erreicht werden. Diese engere Bindung vollzieht sich dann vor allem durch die so hergestellte Gleichheit der Mitglieder. Insofern können durch gemeinsame Anschauungen und Gefühle auf der informellen Ebene zusätzlich zur organischen Solidarität Aspekte der mechanischen zum tragen kommen. Von Seiten der Organisationsleitung kann somit bewusst mehr als bloße funktionale Vertrautheit im Team angestrebt werden. Ausgehend von dieser ist eine Annäherung an „echtes" Gemeinschaftsgefühl möglich. Dieses kann großen Einfluss auf die Motivation und somit auch auf die Leistungsüberlegenheit eines Teams haben. Eine Ausbildung von Gemeinschaftsgefühl in der Stärke, wie das in informalen Gruppen der Fall ist, kann jedoch nicht gezielt beeinflusst und herbeigeführt werden. Die Organisationsleitung kann also nicht fraglos davon ausgehen, dass durch das Einsetzen von Teams tatsächlich Folgebereitschaft erzeugt wird. Es muss nicht in jedem Team zu einer derart stark ausgeprägten funktionalen Vertrautheit kommen. Teambildung im Sinne von neben sachlicher auch starker persönlicher Verbundenheit ist von vielen Dingen abhängig. Hier kommt bspw. das Strukturmerkmal der körperlichen und charakterlichen Prägung zum tragen. Sind sich die Mitglieder eines Teams unsympathisch, ist nicht davon auszugehen, dass ein starkes Gemeinschaftsgefühl unter ihnen entsteht, was die Bildung von Solidarität und entsprechend auch von Folgebereitschaft erschweren kann.

[536] Vgl. Senge (1996), S. 287.

5.3.5 Leistungsüberlegenheit von Teams

Teams werden von der Organisationsleitung eingesetzt, um den bereits beschriebenen generellen Leistungs- und Motivationsvorteil von Gruppen für die Organisation nutzbar zu machen und davon zu profitieren.[538] Grundsätzlich gilt demnach das, was generell über die Leistungsfähigkeit von Gruppen gesagt wurde, auch für das Team. Jedoch sind beim Team einige Besonderheiten anzuführen.

Da ein Team als interagierende Gruppe von Menschen verstanden wird, ist Koordination der Einzelfunktionen ihrer Mitglieder nötig. Erst das aus den Einzelleistungen zusammengefasste Gesamtergebnis ist für die Organisation bedeutsam. Eine funktionierende Koordination der Einzelbeiträge ist demnach als Voraussetzung der Zielerreichung und Leistungsoptimierung anzusehen.[539] Das bedeutet, findet eine derartige Koordination der Einzelleistungen statt, kann ein Team sehr leistungsstark sein. Kommt sie jedoch nicht adäquat zustande, wird es mit Blick auf die Organisation wahrscheinlich auch nicht zu Höchstleistungen in der Lage sein.

Es wurde gesagt, dass der Gruppenzusammensetzung eine bedeutende Rolle bezüglich der Effizienz einer Gruppe zukommt. Ein Team als formale Gruppe kann deshalb als besonders leistungsstarke Gruppe angesehen werden, da es in der Regel sehr heterogen zusammengesetzt ist. Die einzelnen Teammitglieder müssen für die von ihnen zu bearbeitenden, komplexen Aufgaben kompetent und an ihrer Lösung interessiert sein. Die Kenntnisse der Mitglieder sollten sich ergänzen und kombinierbar sein, um so in der Lage zu sein, Fehler zu kompensieren.[540] Das bedeutet, es werden verschiedene Spezialisten zusammengefasst, die über das, für das zu lösende Problem oder die zu bewältigende Aufgabe notwendige Fachwissen verfügen. Auf diese Weise können die individuellen Ressourcen der Einzelnen besser genutzt werden. Dies kommt den Teammitgliedern entgegen, da sie so in der Lage sind, ihre sozialen Motive verstärkt zu verfolgen.[541] Gleichzeitig ist es jedoch auch für die Organisation von Vorteil, da so die dem Team gestellte Aufgabe bestmöglich gelöst werden kann. Erst unter diesen Voraussetzungen können Fehler tatsächlich schneller festgestellt und korrigiert werden. Nur, wenn die Teammitglieder über unterschiedliches Wissen verfügen, können Probleme

537 Vgl. hierzu die Ausführungen in Kap. 5.2.
538 Vgl. hierzu Kap. 5.1.3.
539 Vgl. Wiendieck (1992), Sp. 2379.
540 Vgl. Schneider (1996), S. 59.
541 Vgl. ähnlich Schneider (1995), S. 21.

schneller erkannt werden, da mehr Problemlösungsperspektiven und Alternativen in den Blick geraten. Für die Größe des Teams gilt dabei: So viele Mitglieder wie unbedingt nötig, so wenig wie möglich. Das bedeutet, die Teamgröße ist abhängig von der Komplexität der zu bearbeitenden Aufgabe. Diesbezüglich ist jedoch wiederum auf die notwendige Koordination und Kombination der Einzelleistungen hinzuweisen. Erst die Zusammenfassung der Beiträge der Spezialisten macht die höhere Leistungsfähigkeit und Problemlösungskapazität eines Teams aus.
Es wurde festgehalten, dass sich ein Team durch ausgeprägtes Gemeinschaftsgefühl auszeichnen kann, das im Team anders als in anderen formalen Gruppen durch organische *und* mechanische Solidarität abgesichert werden kann. Die beiden Formen der Solidarität wirken zusammen und können die funktionale Vertrautheit zwischen den Teammitgliedern verstärken. Die affektive Bindung an das Team und dessen Handlungsprogramme ist dann im Vergleich zu anderen formalen Gruppen als recht hoch anzusehen. Die Teammitglieder sind motiviert, die teameigenen Handlungsprogramme anzunehmen und fühlen sich diesen verpflichtet.

In Teams sind, anders als in anderen formalen Gruppen, meist keine ausgeprägten Hierarchien zu finden. Das begünstigt eine Gleichstellung der Teammitglieder und führt gleichzeitig zur Etablierung von informalen Kommunikationswegen, Normen und Handlungserwartungen. Durch diese informalen Aspekte kann im Team ausgeprägtes Vertrauen zwischen den Teammitgliedern entstehen und die Identifikation mit dem Team kann größer sein als in anderen formalen Gruppen. Das kann gravierende Auswirkungen auf den Informationsfluss innerhalb des Teams haben und zwar dergestalt, dass Informationen auch tatsächlich weitergegeben und nicht „gehortet" werden. In anderen formalen Gruppen, ist die Gefahr recht groß, dass Informationen nicht oder nur ungenügend an die Gruppenmitglieder weitergegeben werden, auch wenn sie von diesen benötigt würden. Das Horten sowie die gezielte Weitergabe bzw. das Verschweigen von Informationen ist als eine Form der Ausnutzung von organisationalen Ungewissheitszonen und somit als mikropolitisches Machthandeln zu bezeichnen.[542] Je nachdem, wovon sich ein Teammitglied eher eine Erfüllung seiner Motive erhofft, wird es Informationen entsprechend weitergeben oder eben für sich behalten. Besteht nun ausgeprägte Solidarität und ist das Ziel des Teammitglieds, dass das Team seine gemeinsame Aufgabe möglichst gut meistert, kann angenommen werden, dass derart strategische Einzelüberlegungen eine eher untergeordnete Rolle spielen. Grundsätzlich

[542] Vgl. hierzu die Ausführungen in Kap. 3.2.1.

wirkt die Kommunikation im Team motivierend und somit leistungsverstärkend. Das hohe Maß an informaler Kommunikation befriedigt sowohl soziale Bedürfnisse der Teammitglieder, als auch sorgt es für schnelleren Informationsfluss, was eine bessere Aufgabenbewältigung bewirken kann.[543]

All dies sind Gründe, aufgrund derer davon ausgegangen werden kann, dass gerade Teams besonders leistungsfähig sein können. Es ist jedoch stets zu beachten, dass das Team eine formale Gruppe ist, die sich nicht für alle Aufgaben eignet. Für weniger anspruchsvolle Aufgaben, die nicht der komplexen Problemlösung dienen, sind andere Formen der Gruppenarbeit vorzuziehen.[544]

5.3.6 Gefahren der Teamarbeit für die Organisation

Aus der Arbeit im Team können demnach Gewinne für die Organisation gezogen werden. Allerdings können gerade auch bei der Arbeit im Team die spezifischen Merkmale im Sinn eines ausgeprägten Gemeinschaftsgefühls bzw. funktionaler Vertrautheit sowie hoher Solidarität ambivalent wirken. Je stärker sie ausgeprägt sind, desto leistungsstärker kann zwar ein Team sein, desto stärker können jedoch auch die negativen Effekte wirken, die davon ausgehen können. Ein Beispiel dafür ist der Konvoi-Effekt, der durch ausgeprägte Solidarität gegenüber dem Leistungsschwächsten entsteht. Grundsätzlich ist davon auszugehen, dass die Konsensbereitschaft und das Arbeitsverhalten der Teammitglieder durch ihre wechselseitige Kommunikation und Interaktion beeinflusst und geformt wird. Richtet sie sich nach dem inkompetentesten Teammitglied, besteht die Gefahr, dass die Leistungsschwachen und weniger Qualifizierten die Leistungs- und Verhaltensnormen innerhalb der Gruppe bestimmen. Ist dies der Fall, kommt es zwangsläufig zu einer Leistungsnivellierung nach unten.[545] Dies kann massive Auswirkungen auf die Aufgabenerfüllung und Problemlösung haben, die das Team im Rahmen der Organisation für diese zu erbringen hat. Es käme also von Seiten der Teammitglieder zu einer Bindung an ein Handlungsprogramm, das nicht mit den Zielen der Organisation vereinbar ist. Der Konvoi-Effekt, der seinen Ursprung in „falscher“ Solidarität hat, strahlt so auf die gesamte Organisation aus und bedroht deren

---

[543] Vgl. Schneider (1995), S. 21 und die Ausführungen zu den motivierenden Wirkungen der Kommunikation in Kap. 4.3.

[544] Eine große Bedeutung kommt in diesem Zusammenhang der Arbeitsgruppe auf der operativen Ebene zu. Vgl. hierzu die Ausführungen in Kap. 5.3.2 sowie Schneider (1996), S. 8f.

[545] Vgl. Schneider (1996), S. 53.

Bestand, da die zu lösende Aufgabe nicht in der für die Organisation notwendigen Weise bearbeitet werden kann.

Es gibt also Faktoren, die die Arbeit im Team empfindlich stören und weitreichende Auswirkungen auf die gesamte Organisation haben können. Sie wirken als „Teamgeist-Killer“[546] und können den Misserfolg der Teamarbeit zur Folge haben. Neben dem bereits angeführten Konvoi-Effekt nennt Schneider als solche Faktoren beispielhaft die Hierarchisierungstendenz, Selbstprofilierungstendenzen der Teammitglieder und die Routinisierungstendenz.[547] Besteht eine ausgeprägte Hierarchisierungstendenz innerhalb eines Teams, kann dies zu einer Störquelle für dessen Arbeit werden. Gibt es innerhalb eines Teams Mitglieder, die dazu neigen, ihren Wissensvorsprung dadurch zu erhalten, dass sie ihren Teammitgliedern wichtige Informationen vorenthalten, wird die Arbeit im Team massiv bedroht. Aufgrund dieser „Informationsschieflage“ kann die Problemlösung nicht mehr optimal erfolgen. Eine andere Möglichkeit der Hierarchisierung innerhalb eines Teams ist darin zu sehen, dass einige Teammitglieder ihre Wichtigkeit überbetonen und

> „informell die Funktion der ‚Sozialkontrolle‘ an sich ziehen, indem sie tendenziell durch Gebrauch der ihnen zu Gebote stehenden Mittel mit negativen Sanktionen gegen unerwünschte Verhaltensweisen der anderen Mitglieder vorgehen“[548].

Das impliziert die Gefahr der Ausbildung einer autoritären Pyramidenstruktur innerhalb des Teams. Einer solchen soll jedoch gerade durch die Einrichtung von Teams entgegen gewirkt werden. Die Konsequenz davon ist, dass das Team kein Zusammenschluss gleichberechtigter Mitglieder mehr ist, sondern die traditionellen Rang- und Kompetenzabstufungen wieder aufbrechen.[549] Durch eine derartige Hierarchisierung werden gerade die für Teams spezifischen Merkmale der Gleichberechtigung und die daraus resultierenden Vorteile für die Organisation zunichte gemacht. Grundsätzlich ist an dieser Stelle nochmals darauf hinzuweisen, dass auch das Team kein herrschaftsfreier Raum ist. Auch wenn keine ausgeprägte Hierarchiestruktur vorgegeben ist, handeln die Teammitglieder machtvoll und verfolgen zumindest zum Teil Macht- und Kontrollmotive.[550] Auch Handeln im Team ist Machthandeln und die Teammitglieder

---

[546] Schneider (1996), S. 92.
[547] Vgl. Schneider (1996), S. 92f.
[548] Schneider (1996), S. 36.
[549] Vgl. Schneider (1996), S. 36f.
[550] Vgl. dazu Kap. 3.2.1.

versuchen durch Ausnutzen von Ungewissheitszonen ihre Position zu verbessern bzw. ihre eigenen Motive zu verfolgen.

Eine andere Gefahr für die Arbeit im Team liegt in einem Mangel an Selbstkoordination innerhalb desselben. Besteht Selbstkoordination im Team, sind die Mitglieder in der Lage, durch direkte Kommunikation und ohne Einschaltung übergeordneter Instanzen, die Zuweisung und Sicherung von Arbeitsabläufen selbständig zu regeln. Selbstkoordination bedingt dabei einen starken Anstieg der internen Kommunikation, da sie Folge und Voraussetzung der kooperativen Arbeit ist.[551] Die Teammitglieder arrangieren sich entsprechend selbst, fassen ihre Aktivitäten zusammen und richten ihre Entscheidungen und Handlungen so aufeinander aus, dass sie sich gegenseitig verstärken und ergänzen. Besteht hingegen ein Mangel an Selbstkoordination und gegenseitiger Akzeptanz, entsteht ein Nebeneinander von Individualisten, die das Team lediglich als Plattform ihrer Selbstdarstellung nutzen[552] und sich auf Kosten des inneren Zusammenhalts in Szene setzen. Auf diese Weise wird das Team und seine Leistungsfähigkeit empfindlich geschwächt.[553]

Wie in anderen sozialen Gebilden kommt es auch innerhalb eines Teams zu Routinisierungen des Verhaltens der Mitglieder. Nimmt dies überhand, lässt die Flexibilität des Verhaltens nach und es besteht die Gefahr eines hochgradig standardisierten und undynamischen Verhaltens.[554] Durch zu stark ausgebildete Routinen wird die nötige Innovationskraft und Kreativität, die wichtig ist, um sich den stetig wandelnden Umweltbedingungen anzupassen, eingeschränkt und der Bestand der Organisation entsprechend bedroht.[555] Teams werden jedoch genau deshalb eingesetzt, um diese Anpassungsleistungen erbringen zu können, weshalb zu starken Routinisierungstendenzen vorgebeugt werden sollte.

Eine weitere Gefahr – vor allem für hochkohärente Teams – kann bei übersteigerter Integration der Teammitglieder und hohem Gruppendruck bestehen. In diesem Fall kann es zu „Gruppenbefangenheit"[556] kommen, was als „Groupthink-Phänomen"[557] bezeichnet wird. Dabei wird voreilig und unter Vernachlässigung relevanter Informati-

---

[551] Vgl. Hahne (1997), S. 225.
[552] Zur Selbstdarstellung in der Organisation vgl. Kap. 3.2.3.
[553] Vgl. Schneider (1996), S. 82.
[554] Vgl. Schneider (1996), S. 80.
[555] Vgl. hierzu die Ausführungen in Kap. 2.1.2.2.
[556] Schneider (1996), S. 28.

onen Konsens unter den Teammitgliedern erzielt. Die Realitätswahrnehmungen der Mitglieder sind erheblich reduziert und sie übernehmen fraglos die vermutete Gruppenmeinung, ohne die eigenen Zweifel zu thematisieren. Dadurch versteift sich das Team zu früh auf eine Position und seine Urteilsbildungs- und Entscheidungseffizienz kann stark eingeschränkt werden. Eine solche Situation begünstigt die Entstehung einer „kollektiven Dummheit“[558] des Teams. Werden Entscheidungen auf diese Weise getroffen, kann dies weitreichende negative Folgen für die Organisation haben, da die Aufgabenerfüllung des Teams nicht mehr in der gewünschten Weise erfolgen kann.

Prinzipiell besteht im Team ein Führungsdilemma. Davon abgesehen, dass sich in jeder Gruppe Herrschaftsstrukturen herausbilden, die auf die Nutzung von Machtressourcen zurückzuführen sind, bedarf auch das Team, wie bereits erwähnt, einer gewissen Koordination. Dadurch soll bei Heterogenität der Einzelleistungen die Gleichwertigkeit der Teammitglieder gewahrt werden und gleichzeitig eine Abstimmung der Einzelleistungen auf den Teamzweck erfolgen. In einem Team sollen jedoch bewusst die traditionellen Herrschaftsstrukturen zugunsten einer Gleichberechtigung aller Mitglieder ausgeschaltet werden.

> „Die Teamführung aktualisiert damit das Dilemma von Koordinationsnotwendigkeit und dem Gebot der Herrschaftsfreiheit.“[559]

Dieses Dilemma kann sich mit fortschreitender Teamentwicklung lösen, wenn das Team über Selbstkoordinierungskompetenz verfügt und somit die nötigen Steuerungs- und Kontrollfunktionen übernimmt.

Neben diesen Störfaktoren der Arbeit im Team kann sich der „falsche“ Umgang mit Konflikten problematisch auf die Organisation ausüben. Konflikte in Organisationen können als Spannungen innerhalb und zwischen Personen(gruppen) beschrieben werden und kommen entsprechend auch in Teams vor. Zum produktiven Umgang mit Konflikten ist es notwendig, sich dies zunächst bewusst zu machen. Anschließend an die Bewusstmachung kann dann entschieden werden, ob ein Konflikt ausgetragen oder dies vermieden wird.[560] Welche Reaktion gewählt wird, hängt davon ab, welche Erfolgschance sich die Akteure bei Austragung ausrechnen, welche subjektive Bedeutung der Streitfrage zukommt und welcher Nutzen bzw. welche Kosten dadurch entste-

---

[557] Wiendieck (1992), Sp. 2380; Schneider (1996), S. 28.
[558] Wiendieck (1992), Sp. 2380.
[559] Wiendieck (1992), Sp. 2381.
[560] Vgl. Krüger (1980), S. 1071ff.

hen.[561] Wird ein Konflikt starr polarisiert oder völlig verneint, kann er seine produktive Wirkung nicht entfalten. Vielmehr werden die bestehenden Strukturen bestätigt und es gibt keine Veränderungen. Die Organisationsmitglieder unterdrücken die abweichenden Meinungen, um sich so vor Bedrohungen und Peinlichkeiten zu schützen, die mit der Preisgabe ihres Denkens und ihrer Ansichten verbunden sein können. Senge verwendet dafür den Begriff der „Abwehrroutinen“[562]. Durch diese Abwehrreaktionen wird kommunikatives Handeln und somit Verständigung behindert und es kommt zu starren Strukturen, die die Probleme der Organisation verschlimmern. Dabei haben diese Abwehrreaktionen eine paradoxe Wirkung:

> „Je wirkungsvoller die Abwehrroutinen sind, desto wirkungsvoller verschleiern sie die zugrundeliegenden Probleme, was dazu führt, daß die Probleme nicht wirkungsvoll bewältigt werden können und tendenziell immer schlimmer werden.“[563]

Auch in Teams kommen Abwehrstrategien zum tragen. Sie haben allerdings aufgrund ihres ausgeprägteren Gemeinschaftsgefühls stärker als andere Gruppen bzw. die Organisation als Ganzes die Möglichkeit, diese Abwehrreaktionen durch Reflexion und gegenseitiges Erkunden zu durchbrechen.[564] Gerade bei ausgeprägtem Vertrauen und Zusammengehörigkeitsgefühl ist die Möglichkeit gegeben, dass Peinlichkeiten in Kauf genommen werden, um den Bestand und Erfolg des Teams zu sichern. Das Gemeinschaftsgefühl ermöglicht dann eine Kommunikation auch über konfliktäre Gegenstände und Themen. Gerade darin ist einer der besonderen Vorteile der Teamarbeit für die Organisation zu sehen.[565]

5.4 Zusammenfassung

Die obigen Ausführungen haben verdeutlicht, dass dem Gemeinschaftsgefühl auch für Organisationen eine große Bedeutung beizumessen ist. Die Menschen sind als soziale Wesen auf Gemeinschaft angewiesen, was sich auch in ihrer Leistungsbereitschaft ausdrückt. In einer Organisation finden aus diesem Grund Gruppenbildungsprozesse statt. Dies geschieht zum einen auf informalem Wege von Seiten der Organisationsmitglieder selbst, zum anderen aber auch bewusst durch die Organisationsleitung. Um

---

[561] Vgl. Mayntz (1975), S. 2180ff.
[562] Senge (1996), S. 304.
[563] Senge (1996), S. 309.
[564] Vgl. Senge (1996), S. 310f.
[565] Die Vorteile von „erfolgreicher“ Kommunikation im Sinne von Verständigung gerade auch im Konfliktfall wurden in Kap. 2.2.1 ausführlich behandelt.

den, den Gruppen zugeschriebenen generellen Leistungsvorteil für Organisationen nutzbar zu machen, setzt die Organisationsleitung formale Gruppen wie bspw. das Team ein. In diesen formalen Gruppen besteht ein Gemeinschaftsgefühl, das als funktionale Vertrautheit bezeichnet wird. In Teams kann dieses nun besonders stark ausgeprägt sein, da hier neben den formalen Strukturen viele informale Aspekte zum tragen kommen. Aufgrund der in Teams vorhandenen organischen sowie mechanischen Solidarität und einer starken emotional-affektiven Verbundenheit, kann hier eine höhere Bereitschaft bestehen, sich an Handlungsprogramme zu binden bzw. das Team als Handlungsprogramm anzunehmen. Durch Gemeinschaftsgefühl bzw. funktionale Vertrautheit kann also eine Bindung an die Handlungsprogramme des Teams in Form von Folgebereitschaft erzeugt werden. Es ist jedoch möglich, dass damit nicht gleichzeitig eine Bindung an die Organisation einher geht. In kreativen Berufen kommt es bspw. vor, dass ganze Teams geschlossen von einer Organisation zu einer anderen wechseln, oder sich selbständig machen.[566] Aus diesem Grund ist es für die Organisation wichtig, dass mit Anerkennung des Handlungsprogramms eines bestimmten Teams gleichzeitig die Organisation als Handlungsprogramm anerkannt wird. Es muss also eine Rückbindung an die Organisation vonstatten gehen. Folgebereitschaft gegenüber eines Teams muss nicht zwangsläufig den Bestand einer Organisation sichern. Ein Team kann auch „gegen" eine Organisation arbeiten und Handlungsprogramme ausbilden, die mit dieser nicht vereinbar sind.

Die besondere Leistungsstärke von Teams kann der bestehenden Folgebereitschaft und der damit verbundenen Leistungsmotivation zugeschrieben werden. Es ist jedoch wichtig, zu sehen, dass dies nicht bewusst von Seiten der Organisationsleitung hervorgebracht werden kann. Folgebereitschaft entsteht als Selbstbindung an die Handlungsprogramme der Organisation bzw. des Teams. Es ist durchaus möglich, wenn nicht sogar wahrscheinlich, dass es Teams gibt, in denen die Mitglieder keine Folgebereitschaft gegenüber dem Team und der Organisation ausbilden. Außerdem ist es wichtig, dass die Strukturen der Organisation den Bedürfnissen von Teamarbeit entsprechend verändert werden, wenn sie erfolgreich sein soll: Hierarchien müssen abgebaut, Führung muss neu definiert und Kommunikationsstrukturen aufgebrochen werden. Nur bei entsprechend großem Freiraum auf Seiten der Teammitglieder kann ein Team erfolgreich sein. Gerade den Kommunikationsstrukturen kommt dabei eine bedeutende Rolle zu. Kommunikation im Team kann nicht entlang der traditionellen Kommunikations-

[566] Als Beispiel hierfür lassen sich u.a. Softwarespezialisten und Designerteams anführen.

wege verlaufen, sondern ist auf Offenheit und kurze Wege angewiesen. Nur so kann ein Leistungsvorteil entstehen. Auch ist es nicht möglich, Konflikte im Team durch starres Festhalten an Meinungen zu lösen. Vielmehr ist es wichtig, dass die verschiedenen Spezialisten, die im Team zusammenkommen, ihr Wissen zusammentragen, um so innovative Lösungen hervorzubringen.

Als Methode dafür wird häufig der Dialog genannt. Er wird nicht nur im Zusammenhang mit Teamarbeit thematisiert, sondern generell als Kommunikationsform, die eine bessere Verständigung der Kommunikanten bewirken kann. Dem Dialog werden dabei besonders motivationale und problemlösungsfähige Merkmale zugeschrieben. Diese sollen nun kurz dargestellt, die dem Dialog zugrunde liegendende Regeln aufgeführt sowie Nutzen für und Umsetzbarkeit in der Organisation kritisch hinterfragt werden.

6 Der Dialog als Chance?

Für Organisationen spielt Kommunikation im Sinne einer Verständigung zwischen den Organisationsmitgliedern also eine besondere Rolle in Bezug auf die Sicherung ihres Bestandes und einer adäquaten Anpassung an veränderte Umwelten. Nur dort, wo Verständigung erreicht werden kann, können komplexe Probleme gelöst werden. Außerdem ist erfolgreiche Kommunikation eines der grundlegenden Elemente zur Erzeugung von Gemeinschaftsgefühl und somit von Folgebereitschaft. In Organisationen ist jedoch Verständigung nur schwer möglich.[567] Nicht allein, dass das Wissen und der Bedeutungsinhalt der Organisationsmitglieder sehr unterschiedlich sein kann, was eine Verständigung erschwert. Gerade in formalen Gruppen mit ausgeprägten Herrschaftsstrukturen besteht darüber hinaus häufig das Problem, dass man sich nicht wirklich zuhört. Dadurch werden jedoch die organisationalen Probleme eher verstärkt als gelöst. Ein alleiniges Mitteilen von Ansichten genügt nicht, um Verständigung zu erreichen.[568] Vielmehr ist ein sprachliches Miteinander notwendig, um organisationalen Konsens zu verwirklichen. Habermas geht davon aus, dass die fortschreitende „Kolonialisierung der Lebenswelt" zwischenmenschliche Verständigung durch die Verfolgung einer zweckrationalen Ordnung unterdrückt.[569] Aus diesem Grund wird „die Rückführung der verselbständigten Imperative institutioneller Regeln zu ‚motivationaler Verankerung'"[570] gefordert. Damit soll der Menschlichkeit in Organisation stärker Rechnung getragen werden. In der Praktikerliteratur hingegen wird davon gesprochen, dass die Organisation aus dem „Profanen" herausgeholt werden soll. Das zielt wiederum darauf, die Mitglieder für die Organisation zu mobilisieren bzw. zu motivieren.[571] Beides kann und muss für die Organisation nutzbar gemacht werden: Zum einen ist es wichtig, den Faktor Mensch in der Organisation nicht auszublenden und natürliche Gesprächssituationen zu fördern. Zum anderen ist es jedoch auch notwendig, die Organisationsmitglieder für die Organisation und ihre Belange zu mobilisieren. Beides kann möglicherweise durch den Dialog als Verfahren der Kommunikation mit dem Ziel der Verständigung erreicht werden, da der Dialog dazu in der Lage ist, demotiviertes Denken zu korrigieren und kreative Prozesse zu initiieren.[572] Aus diesem Grund soll nun näher

[567] Vgl. Hahne (1997), S. 141.
[568] Vgl. Bohm (1998), S. 26ff.
[569] Vgl. hierzu Burkhart/Hömberg (1992), S. 41; Mikl-Horke (1994), S. 302f; Hahne (1997), S. 149.
[570] Hennen (2002b), S. 119f.
[571] Vgl. Senge (1996), S. 54.
[572] Vgl. Senge (1996), S. 294.

auf die Merkmale und eine mögliche Einführung des Dialoges in der Organisation eingegangen werden.

6.1 Merkmale und Regeln des Dialogs

Der Dialog ist ein kommunikativer Prozess „direkter Begegnung von Angesicht zu Angesicht“[573] und hat umfassende Verständigung zwischen den Teilnehmern als Ziel. Er ist gebunden an einige Grundannahmen bzw. Regeln, die jedoch als idealtypisch zu verstehen sind. Alle Teilnehmer sind gehalten, ihre Annahmen zu einem zuvor festgelegten Thema zu äußern, jedoch nicht darauf zu beharren, dass ihre Annahme die einzig wahre ist.[574] Vielmehr sollen die Annahmen mitgeteilt und gleichzeitig „in der Schwebe“ gehalten werden. Damit ist gemeint, dass alle Annahmen gleichberechtigt nebeneinander stehen und somit der Thematisierung durch die Dialogteilnehmer zugänglich gemacht werden. Das bedeutet sie werden weder angezweifelt noch als richtig angenommen.[575] Dies ist jedoch nur möglich, wenn sich alle Teilnehmer des Dialogs als gleichberechtigte Gesprächspartner betrachten und entsprechend weitgehend Hierarchiefreiheit besteht.[576] Demnach soll im Dialog weder Überzeugung noch Überredung eingesetzt werden.[577] Um dies zu sichern, kann bzw. sollte ein unabhängiger Dialogbegleiter (Moderator) eingesetzt werden, der in den Dialog nicht inhaltlich eingreift, sondern lediglich darauf achtet, dass die Dialogregeln eingehalten werden. Thematisch gilt, dass prinzipiell alles Thema eines Dialoges sein kann. Es ist jedoch zu beachten, dass der Dialog kein Forum zur Besprechung individueller Probleme ist, sondern im Vordergrund vielmehr die kulturelle Konditionierung steht.[578] Entsprechend der Gleichberechtigung der Dialogpartner, sollte jeder in der Lage sein, ein Thema zu initiieren oder zu wechseln. Genauso kann jeder auf Rechtfertigung seiner Aussage befragt werden bzw. andere dazu befragen.[579] Habermas bezeichnet dies als „ideale Sprechsituation“. Durch kommunikatives Handeln soll in einer Situation, die frei ist von inneren und äußeren Zwängen, wahrer Konsens ermöglicht werden. Daran ist die Notwendigkeit gebunden, dass sich alle Teilnehmer frei äußern können sowie ausschließlich dem besseren Argument folgen und nicht der Überredung oder Überzeugung ande-

[573] Vgl. Nichol (1998), S. 14.
[574] Vgl. Bohm (1998), S. 73.
[575] Vgl. Bohm (1998), S. 55ff.
[576] Vgl. Bohm (1998), S. 92ff.
[577] Vgl. Bohm (1998), S. 67.
[578] Vgl. Bohm (1998), S. 48f.

rer.[580] Er kreiert die Utopie einer herrschaftsfreien Kommunikation, in der völlige Chancengleichheit besteht und systematische Verzerrungen der Kommunikation ausgeschlossen sind.[581] Mit Eintritt in eine Argumentation müssen die Teilnehmer entsprechend die Bedingungen der idealen Sprechsituation unterstellen, auch wenn sie wissen, „daß der Diskurs von den ausgeblendeten Motiven und Handlungszwängen niemals definitiv ‚gereinigt' ist"[582].

Der Dialog kann somit als Basis von Entscheidungen angesehen werden: In der Dialogsitzung können die für eine Entscheidung relevanten Informationen gesammelt und einander gegenübergestellt werden. Im Dialog selbst wird jedoch keine Entscheidung gefällt – die Situation soll vielmehr offen bleiben.[583] Der Dialog zielt somit auf ein Bewusstsein der Dialoggruppe per se, aber gleichzeitig auch auf die Erkundung der problematischen Natur alltäglicher Beziehungen und Kommunikationen. Er ist durch ein Informationsanliegen motiviert und benötigt den ehrlichen Wunsch nach Zusammenarbeit von Seiten der Dialogteilnehmer, um Erfolg zu haben. Alle sind demnach gehalten, das ihnen Mögliche dafür zu tun, dass der Dialog gelingt.[584] Als Schlüsselkomponenten dafür sind geteilte Bedeutungen, kollektives Denken, Aufmerksamkeit, mikrokultureller Kontext, ungeleitete Prüfung und unpersönliche Gemeinschaft – sprich funktionale Vertrautheit – anzusehen. Von großer Wichtigkeit für einen erfolgreichen Dialog ist darüber hinaus gründliches Zuhören zwischen den Dialogteilnehmern in Form einer empathischen Sensibilisierung gegenüber den Ausführungen der Gruppenmitglieder.[585]

Der Dialog ist grundsätzlich zu unterscheiden von der Diskussion. In einer Diskussion geht es um das Durchsetzten von Meinungen und Ansichten. Sie gleicht einem Ping-Pong-Spiel und es geht letztlich darum, zu „gewinnen" – sprich seine Ansicht durchzusetzen.[586] Bei einem Dialog geht es aber gerade nicht darum. Es gewinnen vielmehr alle, da Energien der Kohärenz freigesetzt werden können, die eine Veränderung der Einzelnen und der Beziehung zwischen diesen ermöglicht.

---

579 Vgl. Radlanski (1995), S. 224ff.
580 Vgl. Habermas (1984), S. 116f.
581 Vgl. Burkhart (1998), S. 431; Bonacker (1997), S. 46ff.
582 Habermas (1985), S. 376.
583 Vgl. Bohm (1998), S. 50.
584 Vgl. Jacques (1986), S. 163ff.
585 Vgl. Nichol (1998), S. 13ff.
586 Vgl. Bohm (1998), S. 33; Senge (1996), S. 301f.

„Eine Transformation des Wesens des Bewusstseins ist möglich, auf der individuellen und auf der kollektiven Ebene."[587]

6.2 Nutzen des Dialogs für die Organisation

In einem Dialog können also kreative Potenziale freigesetzt werden, die auch für die Organisation von Nutzen sind. Darüber hinaus kann im Dialog ein Verständnis für die Notwendigkeit bestimmter Dinge geschaffen werden, was motivierend wirken kann. Aufgrund der Empfindung von Notwendigkeiten können Energien freigesetzt werden, die sogar gegen das Selbstinteresse arbeiten können.[588] Hier zeigt sich die Nähe zu den vorherigen Ausführungen: Das Selbstinteresse ist als Ausgangspunkt der Motivation der Organisationsmitglieder zu sehen, welche jedoch durch Programmbindung – die möglicherweise durch Dialog geschaffen werden kann – gerichtet wird. Dialog als verständigungsorientierte Kommunikation meint dann, dass die Kommunikationsteilnehmer bestrebt sind, auf der Grundlage gemeinsamer Überzeugungen ein rational motiviertes Einverständnis herzustellen, das neben ihrem Selbstinteresse auch die Organisation im Blick hat.[589]

Der Dialog als offene Gesprächsform kann darüber hinaus für Organisationen deshalb von Nutzen sein, da das Wissen und die Ansichten der einzelnen Organisationsmitglieder zusammengetragen werden, woraus eine neue Einsicht dahingehend entstehen kann, wie organisationale Probleme anzugehen sind. Daneben kann der Dialog noch einige weitere positive Effekte bewirken. So besteht in Dialogsituationen bspw. eine Tendenz dazu, dass überzogene Selbstdarstellung – im Sinne von selbstgefälliger Abwertung fremder Perspektiven verbunden mit einer gleichzeitigen Selbstbeanspruchung von umfassender Kompetenz – zurückgeht. Die Macht gesellschaftlicher Konventionen lässt nach und subkulturelle Unterschiede und Ansichten treten zu tage.[590] Der Dialog in kleinen Gruppen kann dem Wissensfortschritt dienen und befördert die natürliche Gesprächssituation, in der es zu einem fruchtbaren Perspektivenaustausch kommen kann.[591] Dies spricht dafür, gerade auch in Teams Dialogsitzungen einzuführen.[592]

[587] Bohm (1998), S. 99f.
[588] Vgl. Bohm (1998), S. 59.
[589] Vgl. Burkhart/Hömberg (1992), S. 44.
[590] Vgl. Nichol (1998), S. 10f.
[591] Vgl. Hennen (2002), S. 121f.
[592] Vgl. zum Team Kap. 5.3.5.

In Organisationen müssen komplexe Sachverhalte umgesetzt und Anpassungen an die Umwelt vorgenommen werden, um den Bestand der Organisation zu sichern. Dazu reichen formalisierte Kommunikationssysteme nicht mehr aus bzw. sie können Konflikte hervorrufen.

> „Zum Abbau mentaler Vorbehalte sind institutionalisierte Dialoginstanzen notwendig, die mit formellen Schalt- und Übertragungsstellen für Informationen verknüpft sind."[593]

Als Beispiel für solche Übertragungsstellen lassen sich Stabsstellen bzw. dort eingesetzte Teams anführen. Gerade die gleichberechtigte Dialogsituation kann dazu führen, dass wichtige Informationen auch tatsächlich weitergegeben und nicht gehortet werden. In ihnen können dann „Abwehrroutinen" gelöst und neue Bewertungen befördert werden.[594] Der Dialog ist darüber hinaus in der Lage, im Gruppenkontext funktionaler Vertrautheit herzustellen. Außerdem kann durch ihn Vertrauen und Offenheit befördert werden.[595] Durch fortgesetzten Dialog kann sich Solidarität aufbauen und das auch zwischen Mitgliedern einer Gruppe, die normalerweise nicht viel gemein haben.[596] Das bedeutet, auch zwischen diesen wird funktionale Vertrautheit möglich. Es ist demnach möglich, in der Dialogsituation Vertrauen und Nähe herzustellen und somit ein Klima zu erzeugen, in dem Motivation entsteht. Dadurch, dass in der Dialogsituation die Meinungen und Ansichten der Dialogteilnehmer in der Schwebe gehalten werden, ist es möglich, sie zu überprüfen und zu erkennen, welcher Sinn damit verknüpft wird. Auf diese Weise kann ein gemeinsamer Gedankeninhalt entstehen, da alle Teilnehmer über den gleichen Wissensstand verfügen. Daraus kann eine kreative Kraft freigesetzt werden, die aus wirklicher Verständigung entspringt und für die Lösung komplexer Probleme unabdinglich ist.[597] Es besteht so die Möglichkeit, schwierige, komplexe Fragen unter vielen verschiedenen Blickwinkeln zu erforschen.[598] Hier zeigt sich wieder die Anwendbarkeit im Team: Aufgrund der Zusammenfassung verschiedener Experten kann es hier besonders fruchtbar sein, die unterschiedlichen Annahmen derselben zu einem bestimmten Thema wertfrei zusammenzutragen, um dann in der Summe daraus die bestmögliche Lösung zu einem Problem zu erarbeiten. Gerade daraus resultiert die Leistungsüberlegenheit eines Teams.

---

[593] Hennen (2002), S. 123.
[594] Vgl. Nichol (1998), S. 10.
[595] Vgl. Nichol (1998), S. 12.
[596] Vgl. Senge (1996), S. 298; Bonacker (1997), S. 62.
[597] Vgl. Bohm (1998), S 66.
[598] Vgl. Senge (1996),S. 293.

Es ist jedoch zu sehen, dass allein mit der Einführung des Dialogs die organisationalen Probleme nicht gelöst werden können. Der Erfolg eines Dialogs ist grundsätzlich stark abhängig vom Einsatz der Teilnehmer. Nur dann, wenn sie sich tatsächlich einbringen und es schaffen, die eigenen Annahmen und die der anderen gleichberechtigt nebeneinander stehen zu lassen, kann das der Dialogsituation innewohnende kreative Potenzial freigesetzt werden.[599] Aber selbst wenn es freigesetzt wird, sind die organisatorischen Probleme und Aufgaben noch nicht gelöst, da Entscheidungen getroffen werden müssen, wie diese anzugehen sind. Im Dialog können lediglich komplexe Fragen erforscht werden. Es lässt sich hingegen nicht entscheiden, was genau zu tun ist. Dafür sind Diskussionen notwendig. Es soll demnach nicht der Dialog eingeführt und die Diskussion dafür aus der Organisation oder dem Team verbannt werden, sondern vielmehr werden beide Diskursformen benötigt, will die Organisation Bestand haben: Der Dialog ist nötig, um Informationen und Wissen zu sammeln und funktionale Vertrautheit sowie Solidarität zu erzeugen. Die Diskussion hingegen wird gebraucht, um in der Organisation bzw. im Team Einigung zu erreichen und Entscheidungen zu treffen. Sie zielt auf ein Ergebnis mit Handlungsbeschluss. Erst mit diesem kann die Organisation ihren Erhalt und eine Anpassung an die Umwelt realisieren. Das im Dialog ausgebildete Vertrauen kann sich jedoch auf die Diskussionssituation übertragen und diese gleichfalls fruchtbarer machen. Die Fähigkeiten, die für den Dialog wichtig sind können auch eine Diskussion produktiver machen.[600]

6.3 Kritische Hinterfragung der Einführ- und Umsetzbarkeit des Dialoges in der Organisation

Der Dialog wurde nun als „Gedankenaustausch ohne jeden Vorbehalt"[601] bezeichnet, der auch für die Organisation von großem Nutzen sein kann. Mit Blick auf die Motivation der Organisationsmitglieder ist dabei nicht nur bedeutsam, dass durch offene Gespräche der Wissens- und Informationsstand der Mitglieder erweitert wird, sondern auch eine Atmosphäre der Nähe und des Vertauens entstehen kann. Neben diesen positiven Wirkungen des Dialogs, gibt es allerdings auch einige potentiell negative Auswirkungen auf die Organisation.

---

599 Vgl. Nichol (1998), S. 10f.
600 Vgl. Senge (1996), S. 301ff.
601 Hennen (2002), S. 123.

Als ein Problem von Dialogsituationen ist anzusehen, dass sie frustrierend wirken können. Der Dialog wird in der Regel Probleme und allgemeines Chaos zu tage fördern.[602] Häufig sind die einzelnen Teilnehmer davon überzeugt, dass sie selbst die einzigen sind, die den anderen Teilnehmen wirklich zuhören und lediglich die anderen Fehler machen. Die unterschiedlichen Meinungen werden zum Teil strikt verteidigt, da sie eng an die Eigeninteressen gebunden sind, die stets der Grund für die Handlungen der Organisationsmitglieder sind.[603] Dadurch ist jedoch eine wertfreie Thematisierung der im Dialog geäußerten Ansichten nicht mehr möglich. Darüber hinaus kann durch die vielen verschiedenen Meinungen Angst entstehen. Es benötigt deshalb einige Sensibilität, wie man sich ins Gespräch einschaltet, wann man seine Ansichten besser zurückhalten sollte und wie die Reaktionen der anderen auf das Gesagte ausfallen.[604] Hier kommen entsprechend auch non-verbale Elemente der Kommunikation verstärkt zum tragen.[605] Außerdem sind aufgrund der verschiedenen Ansichten Polarisierungen innerhalb der Dialoggruppe möglich, die nur schwer aufgelöst werden können.[606]

Es stellt sich jedoch die Frage, ob der Dialog, so wie er hier idealtypisch beschrieben wurde, in Organisationen überhaupt eingeführt werden kann, oder ob nicht vielmehr strukturelle Merkmale dagegen sprechen. Senge ist davon überzeugt, dass der Dialog zumindest in Teams einführbar ist. Er spricht davon, den Dialog während wiederholter Dialogsitzungen „einzuüben". Die Teammitglieder sollen auf diese Weise die für den Dialog nötigen Fähigkeiten erlernen. So soll das Team gemeinsame Fähigkeiten entwickeln, was sich leistungssteigernd auswirken kann. Als Grundvoraussetzungen dafür sieht er an, dass die Teammitglieder regelmäßig an den Dialogsitzungen teilnehmen, sie ermutigt werden, auch heikle Themen anzusprechen, sowie die Grundregeln des Dialogs geklärt und deren Anwendung durchgesetzt werden.[607] Prinzipiell ist jedoch eine Einführung des Dialoges in der oben beschriebenen Form eher unwahrscheinlich. In einer Organisation und auch in einem Team existieren stets asymmetrische Beziehungen in Form von Herrschaft. Sie sind nie hierarchiefrei und das in Organisationen bestehende Autoritätsprinzip steht dem Dialog diametral entgegen.[608] Außerdem variieren Länge und Anzahl der Redebeiträge der Teilnehmer eines Dialoges zum Teil er-

---

602 Vgl. Bohm (1998), S. 54.
603 Vgl. Bohm (1998), S. 29ff.
604 Vgl. Bohm (1998), S. 71ff.
605 Vgl. die Ausführungen in Kap. 2.2.1 und 3.3.
606 Vgl. Bohm (1998), S. 90.
607 Vgl. Senge (1996), S. 315ff.
608 Vgl. Bonacker (1997), S. 49; Bohm (1998), S. 92.

heblich und das auch in Situationen, in denen prinzipiell jeder sprechen darf.[609] Die ideale Sprechsituation, wie sie Habermas fordert, ist demnach in der Realität nicht anzutreffen. Sie ist praxisfern, da sie die gesellschaftliche Lebenspraxis und ihre Bedingungen ausblendet sowie die real wirksamen Bedingungsfaktoren von Kommunikation nicht berücksichtigt.[610] In jeder Organisation und in jedem Team bestehen Hierarchisierungstendenzen[611] in der Form, dass sich einige durchsetzen wollen und der Drang besteht, die eigene Sichtweise schneller einbringen zu wollen, als sie von den anderen verarbeitet werden kann. Das kann zum Zusammenbruch der Kommunikation führen.[612] Eine Einführung des Dialogs in der idealtypischen Art, wie sie hier beschrieben wurde, ist also in Organisationen und Teams nicht möglich.

Ist es nun aber möglich, den Dialog als „Leitidee“[613] bzw. „regulative Idee“[614] zu verwirklichen? Ist eine Annäherung erzielbar? Um diese Frage zu beantworten, kann es sinnvoll sein, ein Praxisbeispiel heranzuziehen. In Schweden wurde in der zweiten Hälfte der 80er Jahre ein fünfjähriges Projekt initiiert (LOM-Projekt), das 150 Unternehmungen und öffentliche Einrichtungen umfasste, und dem Zweck diente, neue Formen der Arbeits- und Unternehmensorganisation aus der Zusammenarbeit von Arbeit und Management zu entwickeln bzw. diese Entwicklung anzustoßen und zu begleiten.[615] Als Arbeitsmethode wurde der demokratische Dialog herangezogen, der im Grundsatz die oben dargestellten Merkmale und Regeln umfasst. Als einziger Unterschied ist zu nennen, dass der demokratische Dialog ausdrücklich Entscheidungen ermöglichen will.[616] Dieses Projekt brachte die Erkenntnis, dass der Dialog als regulative Idee fungieren kann und nicht unbedingt voll materialisiert werden muss. Herrschaftsfreie, gleiche Kommunikation kann zwar letztlich nicht verwirklicht werden, aber durch das Aufstellen der Regel, dass alle Teilnehmer an der Dialogsitzung gleichberechtigt sind, kann zumindest dafür sensibilisiert werden, dass es nötig ist, Toleranz zu üben. Der Dialog ist also möglicherweise in einer abgemilderten Form einführbar und zwar als Kommunikationsform, in der versucht wird, zugunsten einer möglichst hohen Verständigung bewusst Macht- und Herrschaftsstrukturen soweit wie möglich auszu-

[609] Vgl. Radlanski (1995), S. 226.
[610] Vgl. Radlanski (1995), S. 66; Burkhart (1998) S. 433.
[611] Vgl. hierzu die Ausführungen in Kap. 5.3.6.
[612] Vgl. Bohm (1998), S. 71ff.
[613] Hahne (1997), S. 148.
[614] Gustavsen (1994), S, 150.
[615] LOM steht für Leitung, Organisation, Mitbestimmung. Vgl. hierzu Gustavsen (1994), S. 13f.
[616] Vgl. Gustavsen (1994), S. 14f.

blenden.[617] Das bedeutet, es ist möglich einen „begrenzten Dialog“ anzustreben, der helfen kann, aktuelle Probleme einer Organisation zu lösen.[618] Die Grundannahme davon ist, die Teilnehmer dazu zu bewegen, „sich die Annahmen der anderen anzuhören, damit sie wissen, worin sie eigentlich bestehen.“[619] Ein praktisches Beispiel für die Annäherung ist der Planungsdialog. Er dient der Erarbeitung einer Lösung für ein anstehendes praktisches Problem. Nötig ist zunächst, das Problem zu spezifizieren, woran sich die Beratschlagung anschließt. Dabei werden Ideen gesammelt, was getan werden könnte, um das Problem zu lösen. Den Abschluss des Beratschlagens bildet die Auswahl einer Alternative, die zur Problemlösung verfolgt werden soll. Daran schließt sich eine Planungsphase an, in der sich die Teilnehmer der Dialogsitzung über eine gemeinsame Ausführung von Handlungen im Hinblick auf die Problemlösung verständigen.[620] Diese Form des Dialoges wäre bspw. eine Möglichkeit, den Dialog im Team einzuführen. Auch dann gilt jedoch, dass alle Teammitglieder den Dialog aufrichtig wollen müssen und sich der Teamleiter zurücknehmen muss. Die Teammitglieder müssen in der Lage sein, zu äußern was sie denken und spielerisch etwas auszuprobieren.[621]

Prinzipiell ist also der Dialog bzw. der herrschaftsfreie Diskurs in der Organisation nur als Annäherung zu erreichen. Die Prinzipien des Dialoges sind zu abstrakt, um umgesetzt werden zu können.[622] Ein begrenzter Dialog bspw. als Planungsdialog ist allerdings denkbar. Dafür müssen jedoch Regeln des integeren Argumentierens aufgestellt werden. Es muss sich darauf geeinigt werden, dass prinzipiell keine falschen Beiträge angeführt werden und dass nicht wider besseren Wissens argumentiert wird. Außerdem ist die gleichberechtigte Teilnahme sicherzustellen. Werden diese Regeln beachtet, ermöglicht der Dialog kollektive Effizienz, intersubjektive Akzeptanz und individuelle Integrität sowie Interessenrealisierung.[623] Die Befolgung dieser Regeln ist jedoch an „personelle Selbstverpflichtung“[624] – sprich Bindung – geknüpft. Dadurch stellt sich die Frage, was zu tun ist, wenn sich die Mitglieder nicht an die Regeln halten. Ein grundsätzliches „Ausplünderungsrisiko“[625] im Gespräch bleibt demnach bestehen.

[617] Vgl. Gustavsen (1994), S. 156.
[618] Vgl. Bohm (1998), S. 92.
[619] Bohm (1998), S. 93.
[620] Vgl. Franke (1990), S. 93ff.
[621] Vgl. Senge (1996), S. 298f.
[622] Das gilt sowohl für Habermas Annahmen über den herrschaftsfreien Diskurs als auch für Bohms Dialogkonzept.
[623] Vgl. Hahne (1997), S. 151.
[624] Hahne (1997), S. 151.
[625] Hahne (1997), S. 151f.

Trotzdem bleibt festzuhalten, dass „ohne dialogorientiertes Risikomanagement (...) Dauerkonflikte vorprogrammiert“[626] wären, da im Dialog verkrustete Strukturen aufgebrochen werden können. Er ist jedoch erst dann als produktives Mittel für die Organisation anzusehen, wenn tatsächlich „frei“ gestritten werden kann und somit ein offener Horizont gemeinsamer Sinnfindung besteht. Das grundlegende Problem, dass sich Macht und Herrschaft nicht aus dem kommunikativen Gefüge der Organisation aussperren lassen, bleibt jedoch stets virulent.[627] Es ist somit nicht möglich, die Frage abschließend zu beantworten, ob im Angesicht von Macht tatsächlich ein Dialog – und sei es auch nur ein begrenzter – geführt werden kann.[628] Prinzipiell ist festzuhalten, dass der Dialog für die Organisation von Vorteil sein kann. Er eignet sich jedoch nicht für jede Form der Fragestellung, sondern vor allem zur Lösung komplexer Probleme, wie sie bspw. von Teams erarbeitet werden sollen. Außerdem ist es nicht möglich, ein „Patentrezept“ der Implementierung zu formulieren. Jede Organisation ist durch ihre Mitglieder geprägt und durch deren Handlungen konstituiert. Aus diesem Grund lassen sich nur schwer Verallgemeinerungen anführen, die auf alle Organisationen anwendbar sind. Es lassen sich lediglich „Spielregeln“ des Dialoges formulieren, die einzuhalten sind, wenn ein Dialog erfolgreich sein soll. Eine Umsetzung derselben muss jeweils vor dem Hintergrund der einzelnen Organisation mit Berücksichtigung der in ihr vorhandenen Strukturmomente geschehen. Erst durch die Selbstbindung der Organisationsmitglieder an diese Regeln kann das kreative Potenzial des Dialoges freigesetzt werden.

---

626 Hahne (1997), S. 153.
627 Vgl. Hahne (1997), S. 153ff.
628 Vgl. Gustavsen (1994), S. 152.

7 Resumée

Als Ergebnis kann zunächst festgehalten werden, dass ein grundlegendes Problem der Organisation in ihrer Bestandssicherung zu sehen ist. Eingangs wurde die Frage gestellt, wie eben diese sichergestellt werden kann, wenn Organisationen als soziale Systeme verstanden werden, die sich aus den Handlungs- und Kommunikationszusammenhängen ihrer Mitglieder bilden. Durch fortgesetzte Interaktion in Form von wechselseitig aufeinander bezogenen kommunikativen Handlungen werden organisationale Strukturen ausgebildet, die ihrerseits auf das weitere Handeln der Organisationsmitglieder zurückwirken und dieses beeinflussen. Die Bestandssicherung ist nun nicht lediglich aufgrund der rasch fortschreitenden Technisierung, Globalisierung und steigender Umweltkomplexität problematisch, sondern vor allen Dingen aufgrund der zunehmenden Bedeutung postmaterialistischer Werte. Das heißt, die Mitglieder stellen auch in der Organisation die Verfolgung ihrer je persönliche Interessen in den Mittelpunkt. Immer dann, wenn die Bedürfnisse sowie sozialen Motive die Möglichkeiten zur alleinigen Befriedigung übersteigen, treten Individuen Organisationen bei. Die Organisation ist also ein zweckmäßiges Mittel zur Befriedigung ihrer persönlichen Interessen. Gerade daraus resultiert das für die Organisation existenzielle Problem, wie individuelle Interessensverwirklichung bei gleichzeitiger notwendiger kollektiver Anpassungsleistung bewältigt werden kann. Nur wenn dies gelingt, kann der Bestand der Organisation gesichert werden. Die zu beantwortende Frage bezieht sich demnach darauf, wie das einzelne Organisationsmitglied dazu gebracht werden kann, Beiträge zu erbringen, die dem Wohl der „Organisation“ dienen, auch wenn sie nicht seiner unmittelbaren Interessenverwirklichung zuträglich sind. Die Antwort dieser Frage ist in der Erzeugung von Motivation zu sehen, die über eine bloße Teilnahmemotivation hinausgeht. Erfüllung von „Dienst nach Vorschrift“ reicht nicht aus, um die Organisation zu erhalten. Es ist vielmehr notwendig, die Organisationsmitglieder dazu zu motivieren, die ihnen gestellten Aufgaben, so gut wie möglich zu lösen. Eine derartige Bindung an die Organisation ist jedoch nur in Form einer Selbstbindung möglich. Das heißt, die Organisationsmitglieder müssen sich an organisationale Handlungsprogramme binden. Ist dies geschehen, wird von Motivation gesprochen. Findet darüber hinaus eine Bindung an die Organisation selbst statt – oder anders: Wird die Organisation selbst als Handlungsprogramm angenommen – entsteht Folgebereitschaft bzw. Loyalität als die Form der Motivation, die benötigt wird, damit ein Organisationsmitglied gewillt ist, die ihm gestellten Aufgaben so gut wie möglich zu lösen. In diesem Fall empfindet es ein diffuses Anhänglichkeitsgefühl gegenüber „seiner“ Organisation. Motivation bzw.

fuses Anhänglichkeitsgefühl gegenüber „seiner" Organisation. Motivation bzw. Folgebereitschaft ist entsprechend als unabdingbarer Betriebsstoff der Organisation anzusehen, der jedoch als knappes Gut zu verstehen ist und immer aufs Neue hergestellt werden muss. Dabei ist grundsätzlich zu beachten, dass Folgebereitschaft von Seiten der Organisationsleitung nicht gezielt initiiert werden kann. Sie kann lediglich versuchen, Handlungsprogramme zu formulieren, die sich an den Motiven der Organisationsmitglieder ausrichten. In diesem Fall ist eine Bindung an die angebotenen Handlungsprogramme wahrscheinlicher, da sich die Organisationsmitglieder primär deshalb an diese binden, da sie sich davon eine Verbesserung ihrer Lebenssituation erhoffen. Wird diese Erwartung nicht erfüllt, ist es unwahrscheinlich, dass die Bindung an ein Handlungsprogramm erfolgt. Die persönlichen Motive unterliegen zudem konjunkturellen Schwankungen, weshalb nicht davon ausgegangen werden kann, dass Programme, die heute dafür tauglich sind, Motive der Organisationsmitglieder zu binden, dies auch in Zukunft sein werden.

In diesem Zusammenhang spielt Kommunikation eine zentrale Rolle. Prinzipiell ist erfolgreiche Kommunikation im Sinne von Verständigung von besonderer Wichtigkeit für die Organisation. Nur durch kommunikative Abstimmung kann die notwendige Koordination der Handlungen und Interessen der Organisationsmitglieder sowie der „Organisation" vorgenommen werden. Kommunikation ist auch in der Organisation kein Fremdkörper, sondern vielmehr ein alltägliches Phänomen, das nicht allein durch seine formalen Kommunikationswege und -inhalte abbildbar ist. In der Realität bilden sich dazu unzählige informale Wege aus und auch informale Themen sind an der Tagesordnung. Dabei ist zu beachten, dass gerade der informalen Kommunikation funktionale Wirkungen für die Organisation zukommen. Sie sind in der Lage, Funktionen zu erfüllen, die für den Bestand der Organisation sehr wichtig sind, jedoch von der formalen Kommunikation nicht wahrgenommen werden können. Zum einen ist diesbezüglich anzuführen, dass die Verwendung informaler Kommunikationswege eine schnellere und unproblematischere Informationsübermittlung ermöglichen kann. Zum anderen können aber durch informale Kommunikation gerade auch soziale Bedürfnisse der Organisationsmitglieder befriedigt werden. Daraus folgt, dass informale Kommunikation nicht zwangsläufig dysfunktionale Auswirkungen hat, sondern durchaus auch funktionale Wirkungen für die Organisation besitzt. In diesem Zusammenhang ist darauf zu verweisen, dass durch verständigungsorientierte Kommunikation die Folgebereitschaft der Organisationsmitglieder gestärkt werden kann, da sie ein Gefühl der Gemeinschaft erzeugen kann. Anhand der Betrachtung der in Organisationen stattfindenden Gruppenprozesse wird klar, dass der Mensch als soziales Wesen gerade hier in der Lage ist, seine sozialen Motive zu verfolgen. In jeder Organisation bilden sich deshalb informale Gruppen aus, die gerade aufgrund des dort vorhandenen Gemeinschaftsgefühls zu größerer Leistungsstärke in der Lage sind. Um dies für die Organisation nutzbar zu machen, werden von der Organisationsleitung formale Gruppen eingesetzt. In diesen besteht zwar kein „echtes" Gemeinschaftsgefühl, jedoch lässt sich hier funktionale Vertrautheit zwischen den Organisationsmitgliedern finden, die durch ein gemeinsam von der Gruppe zu lösendes Problem, regelmäßige Zusammenarbeit und dadurch entstehende Solidarität sowie gegenseitiges Vertrauen hervorgerufen werden kann. Gerade in formalen Gruppen wie bspw. einem Team ist auf Verständigung zielende Kommunikation unverzichtbar, soll Folgebereitschaft entstehen, da hier die unterschiedlichsten Organisationsmitglieder zusammentreffen. Trotzdem ist es wichtig, dass ein Gefühl der funktionalen Vertrautheit entsteht, damit die von der Gruppe gemeinsam zu lösenden Probleme bestmöglich angegangen werden können. Durch offene Kommunikation können die dafür nötige Nähe und das Vertrauen erzeugt werden, wodurch Verständigung und Koordination möglich sind. Eine Möglichkeit, offene, vorurteilsfreie Kommunikation zu erreichen, ist der Einsatz der Methode des Dialogs. Der Dialog soll eine gleichberechtigte Kommunikationssituation schaffen, in der alle Mitglieder unbefangen ihre Ansichten zu einem vorher bestimmten Thema äußern können. In der Dialogsituation sollen entsprechend Hierarchien und Herrschaftsstrukturen soweit wie möglich abgebaut bzw. ausgeblendet werden. Eine vollständige Ausblendung im Sinne eines „herrschaftsfreien Diskurses" ist in einer Organisation jedoch nie verwirklichbar. Es ist jedoch möglich, durch das Aufstellen von Regeln und das Einsetzen eines Moderators eine Annäherung daran zu erreichen. Dies kann dazu führen, dass kreatives Potenzial freigesetzt und ein Gefühl der Nähe und des Vertrauens hergestellt wird, was dazu beitragen kann, dass sich die Organisationsmitglieder stärker an die Organisation binden und somit Folgebereitschaft entwickeln.

Kommunikation in Organisationen ist also als „gestufte Verständigungsform"[629] anzusehen, die je nach Grad der Verständigung mehr oder weniger Folgebereitschaft bei den Organisationsmitgliedern hervorrufen kann. Es ist jedoch nochmals darauf hinzuweisen, dass es sich bei der Bindung an die Organisation um einen Prozess der Selbstbindung handeln. Es kann nicht davon ausgegangen werden, dass die Organisation

[629] Hennen (2002), S. 123.

Folgebereitschaft bewusst erzeugen kann. Sie ist lediglich in der Lage, durch Hinterfragen der Motive ihrer Mitglieder, ihre Handlungsprogramme für diese attraktiv zu gestalten, so dass die Wahrscheinlichkeit, dass diese angenommen werden, möglicherweise zunimmt.

Literaturverzeichnis

ALLARDT, Erik (1970): Types of Protest and Alienation. In: Allardt, Erik und Stein Rokkan (Hrsg.): Mass Politics. Study in Political Sociology. New York, London, S. 45-63.

AMANN, Anton (1996): Soziologie. Ein Leitfaden zu Theorien, Geschichte und Denkweisen. 4. verb. Aufl., Wien, Köln, Weimar.

ARCHER, Margaret S. (1995): Realist Social Theory. The morphogenetic approach. Camebridge.

ARGYLE, Michael (1972): Soziale Interaktion. Köln.

BARNARD, Chester I. (1938): The functions of the Executive. Cambridge.

BEA, Franz X. und Elisabeth **GÖBEL** (1999): Organisation. Stuttgart.

BECKER, Horst und Ingo **LANGOSCH** (1990): Produktivität und Menschlichkeit. Organisationsentwicklung und ihre Anwendung in der Praxis. 3. Aufl., Stuttgart.

BECKER, Albrecht et al. (1992): Revisionen der Rationalität. In: Küpper, Willi und Günther Ortmann (Hrsg.): Mikropolitik. Rationalität, Macht und Spiele in Organisationen. 2. durchges. Aufl., Opladen, S. 89-113.

BERGER, Ulrike und Isolde **BERNHARD-MEHLICH** (1995): Die Verhaltenswissenschaftliche Entscheidungstheorie. In: Kieser, Alfred (Hrsg.): Organisationstheorien. 2. Aufl., Stuttgart, Berlin, Köln, S. 123-153.

BERGER, Peter L. und Thomas **LUCKMANN** (1999): Die gesellschaftliche Konstruktion der Wirklichkeit. Eine Theorie der Wissenssoziologie. 16. Aufl., Frankfurt.

BESEMER, Ingrid et al. (1998): Team(s)lernen Teamarbeit. Weinheim.

BLOCK, Carl Hans (2000): Von der Gruppe zum Team. Wie sie die Zusammenarbeit in zukunftsorientierten Unternehmen verbessern. München.

BOHM, David (1998): Der Dialog. Das offene Gespräch am Ende der Diskussionen. Stuttgart.

BONACKER, Thomas (1997): Kommunikation zwischen Konsens und Konflikt. Möglichkeiten und Grenzen gesellschaftlicher Rationalität bei Jürgen Habermas und Niklas Luhmann. Oldenburg.

BOSETZKY, Horst (1992): Mikropolitik, Machiavellismus und Machtkumulation. In: Küpper, Willi und Günther Ortmann (Hrsg.): Mikropolitik. 2. Aufl., Opladen, S. 27-37.

BREISIG, Thomas (1990): It's Team Time. Kleingruppenkonzepte in Unternehmen. Köln.

BREISIG, Thomas (2001): Personalbeurteilung – Mitarbeitergespräch – Zielvereinbarungen. Grundlagen, Gestaltungsmöglichkeiten und Umsetzung in Betriebs- und Dienstvereinbarungen. 2. überarb. und erw. Aufl., Frankfurt.

BÜSCHGES, Günter und Peter **LÜTKE-BORNEFELD** (1977): Praktische Organisationsforschung. Reinbek bei Hamburg.

BURGHARDT, Anton (1972): Einführung in die allgemeine Soziologie. München.

BURKHART, Roland und Walter **HÖMBERG** (Hrsg.) (1992): Kommunikationstheorien. Ein Textbuch zur Einführung. Wien.

BURKHART, Roland (1998): Kommunikationswissenschaften. Grundlagen und Problemfelder. Umrisse einer interdisziplinären Sozialwissenschaft. 3. überarb. und akt. Aufl., Wien, Köln, Weimar.

COHEN, Micheal et al. (1972): A Garbage Can Model of Organiszational Choice. In: Administrative Science Quarterly, März 1972, S. 1-25.

COLEMAN, James S. (1991): Grundlagen der Sozialtheorie. Handlungen und Handlungssysteme. Band 1. München.

COOLEY, Charles H. (1969): Die Bedeutung der Kommunikation. In: Silbermann, Alphons (Hrsg.): Reader Massenkommunikation. Band 1. Bielefeld, S. 18-25.

CROZIER, Michel und Erhard **FRIEDBERG** (1993): Die Zwänge kollektiven Handelns. Über Macht und Organisation. Frankfurt.

DUPUY, Jean-Pierre und Francisco **VARELA** (1991): Kreative Zirkelschlüsse. Zum Verständnis der Ursprünge. In: Watzlawick, Paul und Peter Krieg (Hrsg.): Das Auge des Betrachters. München, Zürich, S. 247-275.

DURKHEIM, Emile (1977): Über die Teilung der sozialen Arbeit. Frankfurt.

DURKHEIM, Emile (1983): Der Selbstmord. Neuwied, Berlin.

ESSER, Hartmut (1999): Soziologie. Spezielle Grundlagen. Band 1: Situationslogik und Handeln. Frankfurt, New York.

FESTINGER, Leon (1954): A Theory of Social Comparison Processes. In: Human Relation, Vol. 7, Nr. 2, S. 117-140.

FISCHER, Lorenz und Günter **WISWEDE** (1997): Grundlagen der Sozialpsychologie. München.

FRANKE, Wilhelm (1990): Elementare Dialogstrukturen. Darstellung, Analyse, Diskussion. Tübingen.

FRIEDBERG, Erhard (1992): Zur Politologie von Organisationen. In: Küpper, Willi und Günther Ortmann (Hrsg.): Mikropolitik. Rationalität, Macht und Spiele in Organisationen. 2. durchges. Aufl., Opladen, S. 39-52.

FRIEDBERG, Erhard (1995): Ordnung und Macht. Dynamiken organisierten Handelns. Frankfurt, New York.

FRIEDMANN, Dietmar (2000): Die drei Persönlichkeitstypen und ihre Lebensstrategien. Wissenschaftliche und praktische Menschenkenntnis. Darmstadt.

FUCHS, Werner et al. (Hrsg.) (1978): Lexikon der Soziologie. 2. verb. und erw. Aufl., Opladen.

FUNKE-WELTI, Julia (2000): Organisationskommunikation. Interpersonelle Kommunikation in Organisationen – eine vergleichende Untersuchung von informalen Kommunikationsstrukturen in fünf industriellen Forschungs- und Entwicklungsbereichen. Hamburg.

GEBERT, Diether (1992): Kommunikation. In: Frese, Erich (Hrsg.): Handwörterbuch der Organisation. Band 2. 3. völlig neu gestaltete Aufl., Stuttgart, Sp. 1110-1121.

GEMÜNDEN, Hans G. (1995): Zielbildung. In: Corsten, Hans und Michael Rüß (Hrsg.): Handbuch Unternehmensführung. Konzepte – Instrumente – Schnittstellen. Wiesbaden, S. 251-266.

GIDDENS, Anthony (1992): Die Konstitution der Gesellschaft. Grundzüge einer Theorie der Strukturierung. Frankfurt, New York.

GÖRNER, Elisabeth (1994): Die Bedeutung des Gemeinschaftsgefühls (sozialen Interesse) für die soziale Verantwortung. Ein Aspekt der Individualpsychologie Alfred Adlers für die Pädagogik der Gegenwart. München.

GOFFMAN, Erving (1969): Wir alle spielen Theater. Die Selbstdarstellung im Alltag. München.

GOFFMAN, Erving (1971): Interaktionsrituale. Über Verhalten in direkter Kommunikation. Frankfurt.

GROCHLA, Erwin (1982): Grundlagen der organisatorischen Gestaltung. Stuttgart.

GUSTAVSEN, Björn (1994): Dialog und Entwicklung. Kommunikationstheorie, Aktionsforschung und Strukturreformen in der Arbeitswelt. Berlin.

HABERMAS, Jürgen (1984): Vorstudien und Ergänzungen zur Theorie des kommunikativen Handelns. Frankfurt.

HABERMAS, Jürgen (1985): Der philosophische Diskurs der Moderne. Zwölf Vorlesungen. Frankfurt.

HABERMAS, Jürgen (1995): Theorie des kommunikativen Handelns. Band 1. Handlungsrationalität und gesellschaftliche Rationalisierung. Frankfurt.

HAHNE, Anton (1997): Kommunikation in der Organisation. Grundlagen und Analyse. Ein kritischer Überblick. Opladen.

HARTIG, Matthias (1997): Erfolgsorientierte Kommunikation. Wege zur kommunikativen Kompetenz. Tübingen, Basel.

HAUCK, Gerhard (1984): Geschichte der soziologischen Theorie. Eine ideologiekritische Einführung. Reinbek bei Hamburg.

HECKHAUSEN, Heinz (1989): Motivation und Handeln. 2. völlig überarb. und ergänzte Aufl., Berlin et al.

HENNEN, Manfred (1990): Soziale Motivation und paradoxe Handlungsfolgen. Opladen.

HENNEN, Manfred (1994a): Egoismus und Altruismus in der Sozialtheorie. In: Hennen, Manfred und Michael Jäckel (Hrsg.): Privatheit und soziale Verantwortung. München, S. 285-330.

HENNEN, Manfred (1994b): Wie ist Verhalten beeinflußbar? Unter welchen Bedingungen kann es Selbstbindung geben? Zur Chance der Umsetzung von Umweltpolitik. In: Evangelische Akademie Baden (Hrsg.): Wenn die Umwelt krank macht. Über den Zusammenhang von Gesundheit und Umwelt. Karlsruhe, S. 115-160.

HENNEN, Manfred (1994c): Motivation als Konstrukt einer Sozialtheorie. In: Rusch, Gebhard und Siegfried J. Schmidt (Hrsg.): Konstruktivismus und Sozialtheorie. Frankfurt, S. 133-171.

HENNEN, Manfred und Thomas **REIN** (1994): Bindung und Motivation als implizite Annahmen der ‚Rational-Choice'-Theorie. In: Kunz, Volker und Ulrich Druwe (Hrsg.): Rational Choice in der Politikwissenschaft. Grundlagen und Anwendungen. Opladen, S. 206-242.

HENNEN, Manfred und Elisabeth **SPRINGER** (1996): Handlungstheorien – Überblick. In: Kunz, Volker und Ulrich Druwe (Hrsg.): Handlungs- und Entscheidungstheorie in der Politikwissenschaft. Eine Einführung in Konzepte und Forschungsstand. Opladen, S. 12-41.

HENNEN, Manfred (2001): Hat Wissenschaft Macht? In: Goebel, Bernd und Manfred Wetzel (Hrsg.): Eine moralische Politik? Vittorio Hösles politische Ethik in der Diskussion. Würzburg, S. 145-180.

HENNEN, Manfred (2002): Die Zukunft der Evaluation. In: Derselbe (Hrsg.): Evaluation – Erfahrungen und Perspektiven. Mainzer Beiträge zur Hochschulentwicklung. Bd. 4, Mainz, S. 82-145.

HERRMANN, Peter (1994): Die Organisation. Eine Analyse der modernen Gesellschaft. Rheinfelden, Berlin.

HILB, Martin (Hrsg.) (1992a): Innere Kündigung. Ursachen und Lösungsansätze. Zürich.

HILB, Martin (1992b): Das standardisierte Mitarbeitergespräch als Instrument zur Diagnose der Inneren Kündigung. Zürich.

HILLER, Friedrich (Hrsg.) (1982): Normen und Werte. Heidelberg.

HILLMANN, Karl-Heinz (1994): Wörterbuch der Soziologie. 4. überarb. und ergänzte Aufl., Stuttgart.

HIRSCHMAN, Albert O. (1974): Abwanderung und Widerspruch. Reaktionen auf Leistungsabfall bei Unternehmungen, Organisationen und Staaten. Tübingen.

HOEFERT, Hans-Wolfgang (1976): Psychologische und soziologische Grundlagen der Organisation. Gießen.

HOFFMANN, Paul und Leon **FESTINGER** und Douglas **LAWRENCE** (1954): Tendencies toward Group Comparability in Competitive Bargaining. In: Human Relation, Vol. 7, Nr. 2, S. 141-159.

HOMANS, George C. (1965): Theorie der sozialen Gruppe. 2. Aufl., Köln, Opladen.

HOMANS, George C. (1972): Elementarformen sozialen Verhaltens. 2. Aufl., Opladen.

IRLE, Martin: (1963): Soziale Systeme. Eine kritische Analyse der Theorie von formalen und informalen Organisationen. Göttingen.

JACQUES, Francis (1986): Über den Dialog. Eine logische Untersuchung. Berlin, New York.

KÄSLER, Dirk (1976): Klassiker des soziologischen Denkens. München.

KESTEN, Ulrike (1998): Informale Organisation und Mitarbeiter-Lebenszyklus. Der Einfluß sozialer Beziehungen auf Teilnahme und Leistung. Wiesbaden.

KIEFFER, Harald (1994): Loyalität und Planung. Ein Marktmodell der Organisation. Langen.

KIESER, Alfred (1995a): Managementlehre und Taylorismus. In: Kieser, Alfred (Hrsg.): Organisationstheorien. 2. Aufl., Stuttgart, Berlin, Köln, S. 57-89.

KIESER, Alfred (1995b): Human Relations-Bewegung und Organisationspsychologie. In: Kieser, Alfred (Hrsg.): Organisationstheorien. 2. Aufl., Stuttgart, Berlin, Köln, S. 91-121.

KIESER, Alfred (2001a): Human Relations-Bewegung und Organisationspsychologie. In: Kieser, Alfred (Hrsg.): Organisationstheorien. 4. unveränd. Aufl., Stuttgart, Berlin, Köln, S. 101-131.

KIESER, Alfred (2001b): Max Webers Analyse der Bürokratie. In: Kieser, Alfred (Hrsg.): Organisationstheorien. 4. unveränd. Aufl., Stuttgart, Berlin, Köln, S. 39-64.

KIESER, Alfred und Herbert **KUBICEK** (1983): Organisation. 2. neubearbeitete und erweiterte Aufl., Berlin, New York.

KNOBLAUCH, Hubert (1995): Kommunikationskultur. Die kommunikative Konstruktion kultureller Kontexte. Berlin, New York.

KRÜGER, Wilfried (1980): Konflikt in der Organisation. In: Grochla, Erwin (Hrsg.): Handwörterbuch der Organisation. 2. völlig neu gestaltete Aufl., Stuttgart, S. 1070-1082.

KUNZ, Volker (1997): Theorie rationalen Handelns. Konzepte und Anwendungsprobleme. Opladen.

LEPSIUS, Rainer M. (1997): Institutionalisierung und Deinstitutionalisierung von Rationalitätskriterien. In: Göhler, Gerhard (Hrsg.): Institutionenwandel. Opladen, S. 57-69.

LUCKMANN, Thomas (1986): Grundformen der gesellschaftlichen Vermittlung des Wissens: Kommunikative Gattungen. In: Neidhardt, Friedhelm et al. (Hrsg.): Kultur und Gesellschaft. René König zum 80. Geburtstag. Kölner Zeitschrift für und Soziologie Sozialpsychologie. Sonderheft 27. Opladen, S. 191-211.

LUHMANN, Niklas (1969): Legitimation durch Verfahren. Neuwied.

LUHMANN, Niklas (1976): Funktionen und Folgen formaler Organisationen. 3. Aufl., Berlin.

LUHMANN, Niklas (1987): Soziale Systeme. Grundriß einer allgemeinen Theorie. Frankfurt.

MACHARZINA, Klaus (1999): Unternehmensführung: Das internationale Managementwissen. Konzepte – Methoden – Praxis. 3. akt. und erw. Aufl., Wiesbaden.

MARCH, James G. und Herbert A. **SIMON** (1976): Organisation und Individuum. Menschliches Verhalten in Organisationen. Wiesbaden.

MARWEHE, Frauke (1996): Informatisierung von Organisationen. Dortmund.

MASLOW, Abraham H. (1989): Motivation und Persönlichkeit. Reinbek bei Hamburg.

MAYNTZ, Renate (1958): Die soziale Organisation des Industriebetriebes. Stuttgart.

MAYNTZ, Renate (1963): Soziologie der Organisation. Reinbek bei Hamburg.

MAYNTZ, Renate (1975): Konflikte und Konfliktregelungen im Betrieb. In: Grochla, Erwin und Waldemar Wittmann (Hrsg.): Handwörterbuch der Betriebswirtschaft. 4. Ausgabe, Band 2, Stuttgart, S. 2176-2182.

MEAD, George H. (1995): Geist, Identität und Gesellschaft. 10. Aufl., Frankfurt.

MENTZEL, Wolfgang et al. (2000): Mitarbeitergespräche. Mitarbeiter motivieren, richtig beurteilen und effektiv einsetzen. 2. erw. Aufl., Freiburg.

MERTEN, Klaus (1977): Kommunikation. Eine Begriffs- und Prozessanalyse. Opladen.

METZ-GÖCKEL, Hellmuth (1996): Einstellungen und Werthaltungen in Organisationen. Essen.

MICHELS, Robert (1989): Zur Soziologie des Parteiwesens in der modernen Demokratie. Untersuchungen über die Oligarchie. Tendenzen des Gruppenlebens. 4. Aufl., Stuttgart.

MIEBACH, Bernhard (1991): Soziologische Handlungstheorie. Eine Einführung. Opladen.

MIKL-HORKE, Gertraude (1994): Soziologie. Historischer Kontext und soziologische Theorie-Entwürfe. 3. völlig überarb. und erw. Aufl., München, Wien.

MOREL, Julius et al. (1992): Soziologische Theorie. Abriß der Ansätze ihrer Hauptvertreter. 2. verb. Aufl., München, Wien.

MOSER, Klaus (1996): Commitment in Organisationen. Bern et al.

NEDELMANN, Birgitta (1995): Gegensätze und Dynamik politischer Institutionen. In: Dieselbe (Hrsg.): Politische Institutionen im Wandel. Kölner Zeitschrift für Soziologie und Sozialpsychologie. Sonderheft 35. Opladen, S. 15-40.

NEIDHARDT, Friedhelm (1979): Das innere System sozialer Gruppen. In: Kölner Zeitschrift für Soziologie und Sozialpsychologie. 31. Jg., S. 639-660.

NEUBERGER, Oswald (1997): Individualisierung und Organisierung. In: Ortmann, Günther et al. (Hrsg.): Theorien der Organisation. Die Rückkehr in die Gesellschaft. Opladen, S. 487-522.

NEUBERGER, Oswald und Ain **KOMPA** (1987): Wir, die Firma. Der Kult um die Unternehmenskultur. Weinheim, Basel.

NICHOL, Lee (1998): Vorwort. In: Bohm, David: Der Dialog. Das offene Gespräch am Ende der Diskussionen. Stuttgart, S. 7-23.

NICK, Franz R. (1974): Management durch Motivation. Stuttgart, Berlin, Köln, Mainz.

NIEDERMEIER, Karin (2001): Emoticons. Kultkommunikation ohne Worte. Mainz.

ORTMANN, Günther et al. (1990): Computer und Macht in Organisationen. Mikropolitische Analysen. Opladen.

ORTMANN, Günther (1992): Macht, Spiele, Konsens. In: Küpper, Willi und Günther Ortmann (Hrsg.): Mikropolitik. Rationalität, Macht und Spiele in Organisationen. 2. Aufl., Opladen, S. 13-26.

ORTMANN, Günther et al. (1997a): Organisation, Strukturation, Gesellschaft. Die Rückkehr der Gesellschaft in die Organisationstheorie. In: Dieselben (Hrsg.): Theorien der Organisation. Die Rückkehr in die Gesellschaft. Opladen, S. 15-34.

ORTMANN, Günther et al. (1997b): Organisation als reflexive Strukturation. In: Ortmann, Günther et al. (Hrsg.): Theorien der Organisation. Die Rückkehr in die Gesellschaft. Opladen, S. 315-354.

PARSONS, Talcott (1981): Sozialstruktur und Persönlichkeit. Frankfurt.

POPPER, Karl R. und John C. **ECCLES** (1982): Das Ich und sein Gehirn. München, Zürich.

POPITZ, Heinrich (1992): Phänomene der Macht. 2. stark erw. Aufl., Tübingen.

POWELL, Walter W. und Paul J. **DiMAGGIO** (Hrsg.) (1991): The New Institutionalism in Organizational Analysis. Chicago.

RADLANSKI, Heike (1995): Denken, Sprechen, Handeln. Überlegungen zu einer anthropologischen Fundierung der Kommunikationstheorie im Anschluss an Alfred Schütz. Münster.

REIMANN, Horst (1968): Kommunikations-Systeme. Umrisse einer Soziologie der Vermittlungs- und Mitteilungsprozesse. Tübingen.

SACKMAN, Sonja A. (1991): Cultural knowledge in Organizations. Exploring the Collective mind. Newbury Park, London, New Delhi.

SCHALL, Maryan S. (1983): A Communication-Rules Approach to Organizational Culture. In: Administrative Science Quarterly, Vol. 28, S. 557-581.

SCHANZ, Günter (1992): Organisation. In: Frese, Erich (Hrsg.): Handwörterbuch der Organisation. 3. völlig neu gestaltete Aufl., Stuttgart, S. 1459-1471.

SCHNEIDER, Wolfgang L. (1994): Die Beobachtung von Kommunikation. Zur kommunikativen Konstruktion sozialen Handelns. Opladen.

SCHNEIDER, Helmut (1995): Team und Teambeurteilung. Neue Trends in der Arbeitsorganisation. Köln.

SCHNEIDER, Helmut (1996): Lexikon zu Team und Teamarbeit. 237 Stichwörter. Von „Ad-hoc-Team“ bis „Zeitfaktor für die Arbeit im Team“. Köln.

SCHÜTZ, Alfred und Thomas **LUCKMANN** (1979): Die Strukturen der Lebenswelt. Neuwied.

SCOTT, W. Richard (1986): Grundlagen der Organisationstheorie. Frankfurt, New York.

SENGE, Peter (1996): Die fünfte Disziplin. Kunst und Praxis der lernenden Organisation. Stuttgart.

SIEBEL, Wigand (1982): Die soziale Begründung von Normen und Werten. In: Hiller, Friedrich (Hrsg.): Normen und Werte. Heidelberg, S. 118-129.

SIMON, Herbert A. (1976): Administrative Behaviour. A Study of Decision-Making Processes in Administrative Organizations. 3. Aufl., New York.

SMITH, Adam (1949): Theorie der ethischen Gefühle. Oder: Versuch einer Analyse der Grundveranlagungen, mit deren Hilfe die Menschen natürlicherweise das Verhalten und den Charakter zunächst ihrer Mitmenschen und sodann ihrer selbst beurteilen. Frankfurt.

SPERKA, Markus (1996): Psychologie der Kommunikation in Organisationen. Eine Einführung auf systemtheoretischer Grundlage. Essen.

STAEHLE, Wolfgang H. (1994): Management. Eine verhaltenswissenschaftliche Perspektive. 7. Aufl., München.

TAYLOR, Frederic W. (1913): Die Grundsätze wissenschaftlicher Betriebsführung. München.

THEIS Anna M. (1994): Organisationskommunikation. Theoretische Grundlagen und empirische Forschungen. Opladen.

TÜRK, Klaus (1976): Grundlagen einer Pathologie der Organisation. 60 Übersichten. Stuttgart.

TÜRK, Klaus (1989): Neuere Entwicklungen in der Organisationsforschung. Ein Trend Report. Stuttgart, S. 23.

VOSS, Thomas (1991): Organisation. In: Reinhold, Gerd (Hrsg.) (1991): Soziologie-Lexikon. München, Wien, Oldenburg, S.429-432.

WALGENBACH, Peter (1995): Institutionalistische Ansätze in der Organisationstheorie. In: Kieser, Alfred (Hrsg.): Organisationstheorien. 2. Aufl, Stuttgart, Berlin, Köln.

WALGENBACH, Peter (2001): Giddens Theorie der Strukturierung. In: Kieser, Alfred (Hrsg.): Organisationstheorien. 4. unveränd. Aufl., Stuttgart, Berlin, Köln, S. 355-375.

WALTER-BUSCH, Emil (1996): Organisationstheorien von Weber bis Weick. Amsterdam.

WEBER, Max (1976): Wirtschaft und Gesellschaft. Grundriss der verstehenden Soziologie. Tübingen.

WEBER, Max (1984): Soziologische Grundbegriffe. 6. erneut durchges. Aufl., Tübingen.

WEICK, Karl E. (1985): Der Prozeß des Organisierens. Frankfurt.

WEICK, Karl E. (1995): Sensemaking in Organizations. Thousand Oaks, London, New Delhi.

WIENDIECK, Gerd (1992): Teamarbeit. In: Frese, Erich (Hrsg.): Handwörterbuch der Organisation. Band 2. 3. völlig neu gestaltete Aufl., Stuttgart, Sp. 2375-2384.

WISWEDE, Günther (1992): Gruppen und Gruppenstrukturen. In: Frese, Erich (Hrsg.): Handwörterbuch der Organisation. Band 2. 3. völlig neu gestaltete Aufl., Stuttgart, Sp. 735-754.

WOLLNIK, Michael (1992): Interpretative Organisationstheorie. In: Frese, Erich (Hrsg.): Handwörterbuch der Organisation. Band 2. 3. völlig neu gestaltete Aufl., Stuttgart, Sp. 1778-1797.

WOLLNIK, Michael (1995): Interpretative Ansätze in der Organisationstheorie. In: Kieser, Alfred (Hrsg.): Organisationstheorien. 2. überarb. Aufl., Stuttgart, Berlin, Köln, S. 303-320.

Internetbelege:

http://www.nfoeurope.com/ib/flash_home.cfm?lan=en, vom 22.04.2002.

Zeitfracht Medien GmbH
Ferdinand-Jühlke-Straße 7
99095 Erfurt, Deutschland
produktsicherheit@kolibri360.de